MOTIVATION
KOMPAKT

Andreas Niedrig

WWW.A-ZSPORTMEDIA.DE

DAS PRINZIP
ZUKUNFT

Inhalt

VORWORT

NO LIMITS!

Ich liebe Herausforderungen, deshalb ist Sport für mich ein wichtiger Punkt in meinem Leben. Wenn ich mir etwas vornehme, gehe ich spontan dieser Idee nach, versuche aber bei extremen Herausforderungen, auch entsprechend zu planen und intensiviere zeitgleich auch mein Training.

Wenn es mal einen Rückschlag gibt, egal. Ich glaube an mich und an mein Ziel. Deshalb kann so ein Rückschlag mich auch nicht entmutigen. Ich mache einfach weiter, denn ankommen ist das Ziel. „No Limits!" fasst mein Lebensmotto gut zusammen. Unter diesem Titel, habe ich meine Erfahrungen mit extremen Herausforderungen – vor allem im sportlichen Bereich – geschildert und als Buch veröffentlicht.

Andreas habe ich kennen gelernt über den Triathlonsport, den wir beide mit Leidenschaft betreiben. Wir waren einander sofort sympathisch. Und im Laufe

der Zeit haben wir festgestellt, dass wir auch ganz ähnliche Ansichten über das Leben, Ziele und die Verwirklichung von Träumen haben. Deshalb verbindet uns nicht nur die Leidenschaft für den Sport, sondern auch unsere grundsätzlich positive Einstellung zum Leben.

Wir sind beide davon überzeugt, dass es einen ganz besonders wichtigen Faktor gibt, der dazu beiträgt, Glück und Zufriedenheit im Leben zu erlangen: Die Möglichkeit – wahrscheinlich sollte ich besser sagen, die Notwendigkeit! – das eigene Leben aktiv zu gestalten.

Natürlich hat Andreas einen anderen Hintergrund als ich. Wir hatten beide – wie jeder andere Mensch auch – unsere je eigenen persönlichen Herausforderungen im Leben. Und Andreas ist in jungen Jahren ziemlich knapp am Abgrund entlang geschlittert.
Aber die Erkenntnis, zu der wir beide ganz unabhängig voneinander gelangt sind, ist die gleiche: Es ist ungeheuer wichtig, seine Träume nicht aus den Augen zu verlieren. Wie genau Andreas das meint, beschreibt er ausführlich in diesem Buch: Das Prinzip Zukunft.

Wenn es Ihnen gelingt, die folgenden Seiten nicht nur zu lesen, sondern wenn Sie vielleicht einiges von dem, was Sie lesen, nach der Lektüre dieses Buches in Ihrem Leben auch umsetzen können, werden Sie Ihr Leben sicherlich in mancherlei Hinsicht zum Positiven verändern können!

Steh zu Deinen Träumen und tu alles, was Du kannst,
um sie wahr werden zu lassen!
No Limits!

Ihr Joey Kelly

DAS PRINZIP ZUKUNFT

SIE HABEN ES IN DER HAND

Sind Sie mit ihrem Leben glücklich?

Machen Sie in Ihrem Leben das, was Sie schon immer machen wollten?

Fühlen Sie sich verstanden?

Wollten Sie schon immer mehr aus Ihrem Leben machen?

Fehlt Ihnen vielleicht manchmal der nötige Antrieb?

Glauben Sie gelegentlich, dass Sie etwas nicht schaffen werden?

Fragen Sie sich beim Anblick erfolgreicher Sportler, Schauspieler, Manager auch oft: „Wie schaffen die das eigentlich? Und warum bin ich nicht so?"

Dann haben Sie das richtige Buch zur Hand genommen!

Es gibt so viele Motivationsratgeber und ebenso viele Motivationstrainer. Doch können perfekt ausgearbeitete Motivationstechniken wirklich einen so nachhaltigen Einfluss entwickeln, dass sie tatsächlich Veränderungen in einem Leben anstoßen? Fängt man ernsthaft an, sein Leben zu verändern, wenn ein professioneller Motivationstrainer in geschickt aufgebauten Seminaren darlegt, welche seiner ausgeklügelten Strategien zum Erfolg führen (sollen)?

Ich habe etliche Motivationsbücher gelesen und habe hoch bezahlten Motivationstrainern zugehört. In den Büchern habe ich tatsächlich vieles gefunden, das mich angesprochen hat. Die Motivationsseminare hatten durchweg alle ein gutes Konzept. Meistens war ich sogar sehr beeindruckt, wie sicher und souverän die jeweiligen Trainer ihre Strategien vermittelt haben.

Jedes Mal bin ich mit einem ungeheuer positiven Gefühl nach Hause gefahren und war fest überzeugt: „Ja, genau so klappt es! Eigentlich ganz einfach!" Doch dann fing der Alltag wieder an, und da keine der einleuchtenden Strategien irgendwie in meinem Leben verankert waren, gerieten sie alle mehr oder weniger schnell wieder in Vergessenheit.

Keineswegs möchte ich eines dieser Bücher oder Seminare hier schlecht machen. Doch mich beschäftigt folgende Frage: „Ist es möglich, Menschen sinnvolle und umsetzbare Hilfestellungen zu geben, damit sie sich zutrauen, ihre Ziele und Träume in Angriff zu nehmen und sie langfristig vielleicht auch zu verwirklichen?"

Wenn ich bei meinen Vorträgen meine Zuhörer nach ihren Zielen frage, gehen sehr schnell die Köpfe nach unten. Die meisten Menschen sprechen offenbar nicht gerne darüber – es ist anscheinend vielen unangenehm.

Wenn ich meine Zuhörer oder Seminarteilnehmer dann allerdings erst einmal ein wenig aus der Reserve gelockt habe, sprechen sie entweder über ganz alltägliche Ziele, wie die Planung des nächsten Urlaubs oder über solche Träume und Ziele, die gewissermaßen in weiter Ferne liegen. Die alltäglichen Ziele ignoriere ich und frage nach denen, die die Menschen in so weite Ferne gerückt haben nach dem Motto: „Irgendwann möchte ich gerne mal …"

Meistens führen die Menschen tausend Argumente an, warum und wieso sie keines dieser in weiter Ferne liegenden Ziele bislang auch nur in Angriff genommen haben. Diese Argumente sind fast immer sehr schlüssig, einleuchtend und nachvollziehbar – was aber längst nicht bedeutet, dass ich sie so einfach akzeptiere. Schließlich lässt sich fast alles „irgendwie" begründen.

Man kann für sich und für andere so viele Erklärungen finden, die so plausibel sind, dass weder man selbst noch andere auf die Idee kommen, sie in Frage zu stellen. Aber hilft es Ihnen, wenn ich nicke und sage, dass ich Sie verstehe? Bringt Sie das weiter? Bringt es Sie Ihren Zielen und Träumen näher?

Es mag jetzt vielleicht brutal und herzlos klingen, wenn ich sage, mir sei es egal, wie schlecht es Ihnen geht oder wie schlimm Ihre derzeitige Lebenssituation gerade ist. Damit meine ich natürlich nicht, dass ich ohne Mitgefühl bin. Aber ich weiß, egal wie schlimm die Lage sein mag, es kann immer noch schlimmer kommen! Die Lage kann noch aussichtsloser werden, man kann sich noch elender fühlen, und es kann einem immer noch schlechter gehen.

Und auch wenn Sie es kaum glauben mögen, der Schlüssel und der Ausweg liegen ganz allein in Ihnen selbst: Sie haben es in der Hand. Immer! Sie allein können etwas ändern und verändern!

Hier kommt nun meine Lebensgeschichte ins Spiel. „Vom Junkie zum Ironman" so heißt mein erstes Buch, das meine Lebensgeschichte erzählt.

Der Titel verrät eigentlich schon eine Menge über den Inhalt des Buches – aber genau dieser Titel löst auch oft genug Unglauben aus: „Vom Junkie zum Ironman" – geht das überhaupt?

Es klingt unglaublich und unvorstellbar. So unfassbar, dass ein Redakteur einmal sagte, diese Geschichte hätte Hollywood nicht besser erfinden können.

Genau aus diesem Grunde wurde meine Geschichte auch verfilmt und lief im Frühjahr 2008 in den deutschen Kinos. Das hat mich natürlich gefreut, aber viel entscheidender ist eine ganz andere Erkenntnis, die ich aus der Veröffentlichung meiner Lebensgeschichte gewonnen habe: indem ich von mir und meinen Erfahrungen erzähle, bringe ich andere Menschen dazu, über ihr Leben nachzudenken. Nein, eigentlich sogar sehr viel mehr als „nur" nachzudenken. Briefe von Zuhörern meiner Vorträge zeigen mir, dass mehr bei diesen Menschen passiert: Sie fangen an, etwas in ihrem Leben zu verändern.

Denn an meiner Geschichte kann man sehen, dass man es mit Zuversicht, Ausdauer, Kraft und Mut sogar vom Junkie zum Ironman schaffen kann. Man muss nur an sich glauben. Denn nur, wenn man an sich glaubt, findet man die Kraft, etwas zu verändern: sich selbst, sein Leben, den eigenen Körper …

Am liebsten würde ich alle Menschen mit meinen Vorträgen erreichen, um sie zu ermutigen, ihre Lebensziele in Angriff zu nehmen. Denn ich weiß, um wie viel wertvoller und schöner das Leben sein kann, wenn man Zutrauen zu sich findet und weiß, dass es möglich ist, tatsächlich zu erreichen, was einem am Herzen liegt. Doch da es so gut wie unmöglich ist, so viele Vorträge zu halten, um alle Menschen zu erreichen, habe ich beschlossen, dieses Buch für Sie zu schreiben.

Ihr Andreas Niedrig

EINFÜHRUNG

AUS MEINEM LEBEN...

Einige von Ihnen werden mich und meine Lebensgeschichte eventuell schon kennen. Entweder durch mein erstes Buch „Vom Junkie zum Ironman", vielleicht aus Interviews und Zeitungsartikeln oder aber, weil Sie mich bei einem meiner Vorträge oder Seminare erlebt haben.

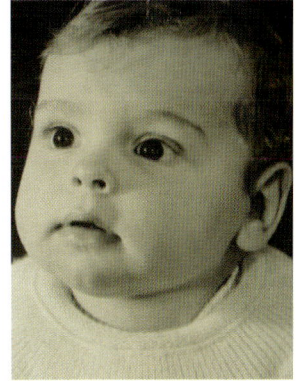

Für die Leser, die noch nicht so viel über mich wissen, will ich kurz erklären, weshalb es mir überhaupt so wichtig ist, meine ganz persönlichen Erfahrungen weiterzugeben und was diese Erfahrungen mit Motivation zu tun haben.

Ich fange damit an, kurz zu erzählen, wie es mir mit meinen eigenen Träumen und Vorsätzen ging und geht.

Viele Menschen sagen mir immer wieder, mir sei es gelungen, Zielen, die zunächst fast unerreichbar schienen, näher zu kommen und einige davon sogar in relativ kurzer Zeit zu erreichen.

Und weil ich so häufig höre, wie bemerkenswert und außergewöhnlich das sei, will ich berichten, was mich vorangetrieben hat, was mir beim Verfolgen und Erreichen dieser Ziele geholfen hat – aber auch davon, wie schwer es mir oftmals gefallen ist, „am Ball" zu bleiben. Am besten beginne ich damit, ganz knapp einige wichtige Stationen aus meinem Leben zu erzählen.

Geboren wurde ich am 12.10.1967. Aufgewachsen bin ich in Oer-Erkenschwick, einer Stadt im Herzen des Ruhrgebiets. In einem Umkreis von zirka zwanzig Kilometern ist links von uns Dortmund, vor uns Bochum und rechts Gelsenkirchen – für meinen Sohn und mich die wichtigste Stadt, denn da ist Schalke zu Hause!

Im Rücken haben wir das schöne Münsterland, was bedeutet, dass wir es nicht weit in die Natur und in den Wald haben.

Oer-Erkenschwick war in den sechziger Jahren eine klassische Bergarbeiterstadt. Als Kind hatte ich den Eindruck, alle Erwachsenen gehen auf den Pütt malochen. Bevor die Männer, die unter Tage arbeiteten,

nach Hause gingen, trafen sie sich an einer Bude, einer Trinkhalle, um sich ihr erstes Feierabend-Bier zu genehmigen. Hunderte von Kumpels tranken vor der Bude, auf der Straße, ihr Bier: Hände, Haare, Gesicht und sogar die Augenlider noch immer ganz schwarz vom Kohlestaub.

Mein Opa war „auf'm Pütt". Mein Vater hat dort seine Ausbildung gemacht und alle Väter meiner Freunde waren auch auf'm Pütt, so dass es als Kind für mich eigentlich ganz klar war: nach der Schule geh ich auch auf'n Pütt.

Wir wohnten in einem Zwölffamilienhaus direkt neben einem ausgedienten Luftschutzbunker aus dem zweiten Weltkrieg – der war für uns Kinder ein ganz prima Spielplatz. Meine vier Jahre ältere Schwester Conny und ich teilten uns ein Zimmer – dies führte damals natürlich zwangsläufig und ständig zu Reibereien. Heute verstehen wir uns gut.

Nach seiner Ausbildung auf'm Pütt ging mein Vater zur Polizei und wurde dort ein ziemlich hohes Tier. Meine Mutter war Hausfrau und eigentlich immer für uns da. Wenn ich mittags hungrig von der Schule kam, stand meistens schon das Essen auf dem Tisch. Nach dem Essen habe ich ganz schnell meine Hausaufgaben gemacht, und dann ging es nach draußen zum Spielen. Damals gab es in den Seitenstraßen der Wohngebiete nur wenig Straßenverkehr, und nachmittags gehörten die Straßen uns Kindern: dort haben wir Fußball, Verstecken und Fangen gespielt. Im Fernsehprogramm lief nachmittags nichts, und bei keinem von uns gab es zu Hause Videorecorder oder Computer. Wir mussten uns tagtäglich etwas Neues einfallen lassen, damit uns nicht langweilig wurde – aber das war eigentlich nie ein Problem, und in meiner Erinnerung ist meine Kindheit eine aufregende und schöne Zeit. Wer weiß, vielleicht habe ich durch meine kindliche Freude an der Bewegung schon damals eine Art Grundlage für meine spätere sportliche Karriere geschaffen.

Bis zu meinem dreizehnten Lebensjahr war ich Schwimmer in einem kleinen Schwimmclub in Oer-Erkenschwick. Dreimal in der Woche trainierten wir damals. Schon ziemlich bald zeigte sich, dass ich beträchtliches Talent hatte. Mit einer Zeit von 1.06 Minuten über 100 m gehörte ich damals in meiner Altersklasse schon zu den besten Rückenschwimmern Westdeutschlands.

Jeder, der sich einigermaßen gut an die eigene Kindheit erinnert, weiß, dass in der Pubertät quasi nichts bleibt, wie es war: alles verändert sich, so vieles ist neu, so vieles, was vertraut war, wird fremd und schwierig. Und als Jugendlicher tut man oft Dinge, die man schon wenige Jahre später selbst kaum noch nachvollziehen kann. Ich war während dieser Zeit auch ziemlich orientierungslos. Ich wusste kaum, wo ich hingehörte. Alte Freundschaften gingen zu Ende, doch neue zu knüpfen, fiel mir schwer. Ich habe gegen alles und jeden aufbegehrt – gegen die Schule, meine Eltern, gegen Regeln im Allgemeinen und im Besonderen. Bald war ich für die meisten Lehrer einfach nur ein aufmüpfiger und auffälliger Schüler. So kam es, dass ich von der Realschule flog und auf die Hauptschule kam. Dort aber war ich mit meinen Auffälligkeiten nicht mehr allein. Denn hier gab es viele Schüler, die den Unterricht störten und dadurch Aufmerksamkeit suchten.

Eine letzte Regelmäßigkeit in meinem Leben – gewissermaßen mein letzter Halt – war damals der Schwimmverein. Unser damaliger Trainer war die Seele der Mannschaft. Er war es, der uns motivierte, der die gesamte Mannschaft anspornte, zusammenhielt und formte. Unglücklicherweise ging dieser Trainer damals andere Wege. Und nachdem er fort war, verließ ein Schwimmer nach und dem anderen den Verein. Für mich war es schlimm, und ich hatte das Gefühl, als ob sie alle – vor allem mich – verlassen würden. Ich fühlte mich unglaublich allein, ich war verunsichert und wusste nicht, wo ich Halt finden sollte.

In der Hauptschule fing ich mit dreizehn an zu rauchen. Mit der Zigarette in der Hand hatte ich etwas, hinter dem ich mich verstecken konnte – und vor allem fühlte ich mich damit auch irgendwie nicht mehr ganz so allein.

Bald verlor ich das Interesse am Schwimmtraining – und damit hatte ich den letzten Bereich aufgegeben, in dem ich noch Erfolge verbuchen konnte.

Irgendwann ging in der Raucherecke meiner Schule ein Joint herum – und ohne groß darüber nachzudenken, rauchte ich mit.

Heute weiß ich, dass ich durch den Konsum von Drogen meine eigentlichen Bedürfnisse nur kompensiert habe. Gesucht habe ich Liebe, Freundschaft und Anerkennung – bekommen habe ich Ablenkung und Betäubung – aber immerhin fand ich mich cool.

Lernen, sich engagieren – das alles fand ich spießig und angepasst. Doch so ein langweiliger Normalbürger wollte ich keinesfalls sein. Da stand ich lieber am Rand, war aber cool und hatte das Gefühl, den totalen Überblick zu haben: Ich konnte ganz klar beurteilen, was abging. – Das dachte ich jedenfalls.

Auf jeden Fall fand ich Gleichgesinnte. Menschen, die ähnlich empfanden wie ich. Dadurch fühlte ich mich wieder einer Art Gemeinschaft zugehörig, und dies war mir wichtig.

Doch die Sicherheit und Zufriedenheit, die durch Drogen vermittelt wird, ist natürlich trügerisch. Man spürt genau, dass etwas fehlt, auch wenn man nicht genau benennen kann, was das ist. Also experimentiert man weiter: Mit anderen Drogen, mit anderen Mengen ... So kam es, dass ich schon mit 15 anfing, härtere Drogen zu konsumieren. Koks, Speed und LSD wurden meine neuen Begleiter durch den Alltag.

Zum Krankheitsbild eines Abhängigen gehört es, dass er selbst nie das Bewusstsein entwickelt, abhängig zu sein. Ich habe überhaupt nicht mitbekommen, was um mich herum alles auseinander gefallen ist. Ich habe von einem Tag auf den anderen gelebt. Eine Richtung oder Ziele gab es zu diesem Zeitpunkt in meinem Leben nicht.

Bis zu dem Tag, an dem ich Sabine kennen lernte. Sabine! (Wäre dieses Buch ein Disneyfilm, müssten hier jetzt Herzchen, Blumen und Vogelgezwitscher ihren Namen umrahmen! Nicht weil es kitschig sein soll, sondern, weil ich mich so gefühlt habe!). Sabine ist heute meine Frau. Mit ihr bin ich seit neunzehn Jahren verheiratet, wir haben zwei Kinder, und ich möchte mir gar nicht vorstellen, wie mein Leben ohne sie verlaufen wäre!

Wir haben uns in einer Diskothek kennen gelernt. Ich hatte sie schon öfter gesehen, hatte mich aber nie getraut, sie anzusprechen. Irgendwann habe ich mir dann aber doch ein Herz gefasst. Ich ging zu ihr und lud sie zu einem Kaffee ein. Sie hatte damals gerade eine gescheiterte Beziehung hinter sich und wollte von einem Kerl wie mir eigentlich gar nichts wissen.

Keine Ahnung, woher ich diese Selbstsicherheit nahm, aber ich sagte ihr tatsächlich, sie solle nicht so rumzicken, denn wir würden sowieso heiraten und Kinder kriegen. Also sei es am besten, wenn sie es mir nicht so schwer machen würde. Wahrscheinlich dachte sie nur: „was für ein Idiot".

Aber ich ließ nicht locker und lud mich einfach für den nächsten Tag zu ihr nach Hause ein. Sie winkte nur ab und meinte, ich solle bloß weg bleiben.

Aber wenn es darauf ankam, konnte ich auch damals schon sehr zielstrebig sein. Ich fuhr trotzdem hin. Drei Tage brauchte ich, um Sabine davon zu überzeugen, dass auch sie mich liebt.

Von diesem Zeitpunkt an hörte ich auf Drogen zu nehmen. Sabine war meine Medizin, meine Therapie, mein neuer Lebensinhalt. Das war mir so natürlich nicht bewusst, aber Sabine gab mir, was Drogen nur vorspiegeln: Echtes Glück, Anerkennung, Zufriedenheit – und vor allem: Liebe!

Durch Sabine erfuhr ich endlich wieder, wie es ist, geliebt zu werden. Und, was mindestens ebenso wichtig war, sie nahm meine Liebe an. Das veränderte alles. Ich dachte wieder über eine Zukunft nach. Unsere Zukunft.

Ich hatte wieder Träume, malte mir aus, wie unsere Zukunft aussehen könne. Wir hatten eine superglückliche Zeit und fingen an, Pläne zu schmieden. Ich dachte darüber nach, was ich nach der Bundeswehr für einen Job bekommen könnte … dann wurde Sabine schwanger.

Ich erinnere mich noch ganz genau daran, wie sie den Test machte. Sie schloss sich im Bad ein und war super nervös. Mein Ohr an die Tür gepresst, hörte ich, dass sie anfing zu weinen und wusste sofort, das bedeutet: positiv. Ich lief voller Glück durch die Wohnung und freute mich wahnsinnig. Es war das erste Mal in meinem Leben, dass ich etwas geschafft hatte.

Ich war stolz, zufrieden und zuversichtlich, was die Zukunft anging. Auch Sabine freute sich auf unser Kind, und wir genossen die Zeit, in der wir beobachten konnten, wie unser Baby in Sabines Bauch wuchs.

Aber mit ihrem Bauch wuchsen auf einmal auch meine Ängste: Bislang hatte ich immer nur die Verantwortung für mich selbst getragen – und selbst damit war ich oft nicht zurechtgekommen. Jetzt sollte ich auf einmal die Verantwortung für ein Kind und eine Familie übernehmen? Wie sollte das gehen? Wie sollte ich unsere Familie ernähren?

Ich hatte mich so lange einfach treiben lassen. Jetzt musste ich nicht nur mein Leben organisieren, sondern auch das von einem – bald dann sogar zwei – weiteren Menschen, die sich auf mich verließen.

Ich hatte Angst, das nicht schaffen zu können. Ich hatte Angst, Sabine zu enttäuschen und verlor erneut den Boden unter meinen Füßen. Ohne darüber nachzudenken, welche Konsequenzen es hat, fing ich erneut mit der Kifferei an – und hatte sofort wieder dieses sichere Gefühl, alles im Griff zu haben.

Alle Zukunftsängste, alle Befürchtungen, dass ich die Ziele, die ich mir gesteckt hatte, nämlich gut für meine kleine Familie zu sorgen, vielleicht nicht erreichen könnte, wurden wieder klein und verschwanden.

Eines Tages dann, kurz vor der Geburt von Jana, war in einer Pfeife, die wir in unserer Clique rauchten, Heroin. Schon beim ersten Zug kam eine Zuversicht und Ruhe über mich, wie ich sie niemals zuvor gespürt hatte. Alle Unsicherheit und Angst war wie weggeblasen und das nicht nur für zwei Stunden wie bei der Kifferei – nein, ich war fast den ganzen Tag über „breit".

Dieses Gefühl wollte ich wieder, unbedingt. So kaufte ich mir mein erstes Heroin und war vom ersten Tag an abhängig, ohne es zu merken. Anfangs rauchte ich das Heroin, doch irgendwann habe ich angefangen, zu spritzen – weil man beim Spritzen anfänglich wieder weniger Stoff braucht, um drauf zu kommen.

Sabine bemerkte von meiner Abhängigkeit vorerst nichts. Ich spielte ihr weiterhin vor, alles im Griff zu haben. Und jeder, der Drogenabhängige kennt, weiß, wie gut ein Abhängiger schauspielern kann. Sabine musste und wollte mir damals glauben, dass ich einen Job finden würde, dass ich für unsere Familie sorgen kann und dass ich weiß, was zu tun ist. Denn auch sie war überfordert. Auch sie wusste ja nicht, wie alles weitergehen sollte.

Ich beendete meine Bundeswehrzeit. Jana kam auf die Welt, und ich nahm einen Job als LKW-Fahrer an. Doch dann wurde ich bei Diebstählen an meinem Arbeitsplatz erwischt. Mir wurde gekündigt.

Sabine erzählte ich nichts davon und ging weiterhin jeden Morgen aus dem Haus, als ob ich zur Arbeit gehen würde. Jetzt musste ich nicht nur das Geld für meinen Heroinkonsum aufbringen, sondern musste auch versuchen, das Loch in unserer Haushaltskasse zu stopfen.

Ich fing an, kriminell zu werden. Nicht mit kleineren Delikten, wie viele andere Abhängige, die an der Straße mit kleinen Mengen Heroin dealten. Ich verschob gleich große Mengen Drogen, klaute Autos und besorgte mir eines Tages auch eine Waffe.

Es kam, wie es kommen musste. Irgendwann flog alles auf. Mein ehemaliger Arbeitgeber rief bei Sabine an, um nachzufragen, wann ich meine Lohnsteuerkarte abholen würde. Als ich an dem Abend nach Hause kam, stellte Sabine mich zur Rede. Ich erinnere mich nicht mehr genau, was ich ihr erzählte, aber es gelang mir, sie vorübergehend wieder zu beruhigen. Wobei das natürlich nicht lange währte. Denn schon ein paar Tage später fand Sabine mich bewusstlos mit der Spritze im Arm in unserem Bad: Überdosis Heroin.
Sabine tat damals das einzig Richtige: sie stellte mich vor die Wahl. Entweder ich mache eine Therapie oder ich verliere meine Familie. Das war zwar eine schwierige Forderung und eine schlimme Drohung, bedeutete aber auf der anderen Seite auch, dass sie mir immer noch eine Chance gab und trotz allem zu mir hielt – unter der Bedingung, dass ich daran arbeiten würde, meine Abhängigkeit in den Griff zu bekommen.

Meinen ersten Therapieversuch brach ich jedoch schon gleich am ersten Tag wieder ab. Ich hielt die Schmerzen des Entzuges einfach nicht aus. Als Abhängiger ist man nicht in der Lage zu wählen: die Familie oder die Droge. Als Abhängiger weiß man, was man als nächstes braucht: die Droge. – Alles andere ist zweitrangig.

Ich weiß, dass ich damals fast nicht anders konnte – und dennoch ist es für mich heute unvorstellbar, dass ich so gehandelt habe, dass ich meinen Drogenkonsum damals quasi über meine Familie gestellt habe.
Heute frage ich mich oft, wie kam ich eigentlich dazu, dass ich angefangen habe, Drogen zu nehmen? Diese Frage kann ich selbst gar nicht mehr eindeutig beantworten. Heute sind meine Lebenssituation und meine Lebenseinstellung so grundsätzlich anders, dass ich vieles von dem, was ich damals gedacht oder wie ich gehandelt habe, kaum noch nachvollziehen kann.

Fest steht, ich hatte damals meine Träume und Ziele völlig aus den Augen verloren. Ich hatte große Angst zu versagen, große Angst, Sabine und Jana keine Zukunft bieten zu können. Deshalb muss man natürlich nicht in eine Drogenabhängigkeit rutschen oder kriminell werden. Aber bei mir war es so.
Sabine hatte natürlich erfahren, dass ich die Therapie abgebrochen hatte und zog zu meiner Schwester.
Ich hatte keinen Schlüssel mehr für unsere Wohnung. Und als ich versuchte, die Tür mit Gewalt zu öffnen, riefen unsere Nachbarn die Polizei. Ich hatte mein Zuhause verloren.
Ich versuchte zwischendurch immer mal wieder bei Sabine einzuziehen, aber sie weigerte sich standhaft, mich aufzunehmen. – Heute weiß ich, nur so konnte sie Jana und sich selbst schützen. Anfangs konnte ich es mir noch leisten, in Hotels zu übernachten. Als kein Geld mehr für Hotels da war, lebte ich eine Zeit lang in einem ausgedienten Wohnwagen auf einem Schrottplatz.
Dann entdeckte ich auf Abstellgleisen einen Zugwaggon, in dem ich eine Weile hauste. Doch es ging noch weiter bergab.

Nachdem ich Sabine und Jana verloren hatte, dröhnte ich mich immer mehr zu und verkam nach und nach auch äußerlich. Ich wusch mich selten, rasierte mich nicht mehr, wechselte kaum mal die Kleider. Außerdem konnte ich mittlerweile fast nichts mehr essen und wurde obendrein immer öfter bei Diebstählen erwischt, die die Sucht finanzieren sollten.

Jetzt ermittelte auch die Staatsanwaltschaft gegen mich, und bei der Eröffnung eines Verfahrens hätte ich für mindestens vier Jahre ins Gefängnis gemusst.

Die Staatsanwaltschaft stellte mich vor die Wahl: Therapie oder Strafe. So begann ich zwar auch meine zweite Therapie nicht ganz ohne äußeren Zwang, aber diesmal hielt ich durch.

Als Sabine erfuhr, dass ich eine zweite Therapie anfing, sagte sie mir sofort, dass sie bereit sei, ein neues Leben mit mir zu beginnen, wenn es mir gelänge, die Therapie erfolgreich zu beenden.

Das gab mir Hoffnung und spornte mich an. Meine Liebe zu Sabine war so stark, dass ich eigentlich von dem Tag an, an dem ich zum ersten Mal wieder einen klaren Gedanken fassen konnte, so motiviert war, den Entzug und die Therapie erfolgreich abzuschließen, dass ich diesen Suchtdruck, von dem andere Patienten während der Therapie immer wieder sprachen, nie verspürte.

Ich wollte nur eins: zurück zu Sabine und Jana. Leider ging das längst nicht so schnell, wie ich es mir gewünscht hatte. 14 Monate lang war ich in einer Klinik im Sauerland, um meine Suchterkrankung in den Griff zu bekommen.

Dann durfte ich endlich wieder nach Hause. Es war schon ein superkomisches Gefühl. Sabine hat sich in der Zwischenzeit natürlich ein völlig neues, eigenes Leben aufgebaut. Auf einmal kam ich und wirbelte alles wieder durcheinander. Meine körperliche Verfassung war niederschmetternd. Als ich meine Therapie begonnen hatte, wog ich nur noch 48 Kilo. Jetzt brachte ich 91 Kilo mit nach Hause. Mit dem Rauchen hatte ich noch nicht aufgehört, und die zwei Schachteln Zigaretten täglich taten mir nicht gut.

Wir wohnten im dritten Stock eines Mehrfamilienhauses, und ich schaffte es damals nicht, eine Kiste Wasser in einem durch nach oben zu tragen. Ich musste zwischendurch mindestens eine Pause einlegen. Auch die Kraft in meinen Armen reichte nicht aus. Ich musste die Kiste zwischendurch absetzen!

Aber eigentlich hatten wir ganz andere Sorgen als die, wie schnell ich unsere Wasserkisten in den dritten Stock tragen konnte. Ich musste versuchen, einen Job zu kriegen, und das war mit meiner Vergangenheit mehr als schwierig.

Ich wollte vor allem eines nicht – Sabine wieder enttäuschen.

Um nicht vom Sozialamt abhängig zu sein, fing ich vom ersten Tage nach der Therapie an, mich zu bewerben. Wie oft musste ich hören: „Dafür sind Sie gar nicht qualifiziert!". Ich bekam so viele Absagen auf meine Bewerbungen.

Aber ich gab nicht auf.

Nach der Therapie hatte ich zum Glück einen unglaublich starken Willen – ja fast schon einen richtigen Dickkopf: ich wollte einen Job. Und ich war fest entschlossen, einen zu bekommen! Natürlich musste ich realistisch sein. Wer würde mich mit meiner Vergangenheit, meinem Schulabschluss und meinen beruflichen Qualifikationen einstellen? Hoch bezahlte Jobs kamen da wohl leider nicht in Frage, also bewarb ich mich für Hilfsarbeiterjobs. Aber selbst dafür bekam ich nur Absagen. Aber ich wollte mich einfach nicht entmutigen lassen. Wie ein Stehaufmännchen bewarb ich mich immer und immer wieder bei den gleichen Firmen. Steter Tropfen höhlt den Stein.

Ich weiß nicht, warum ich letztendlich den Job in einer Stein-Recycling-Firma bekam. Vielleicht hat meine Hartnäckigkeit Eindruck hinterlassen? Mir war es egal. Wichtig war, ich hatte einen Job!

Ich sortierte die Steine abgerissener Schornsteine und verfüge seitdem über ein fundiertes Fachwissen bezüglich des Abbaus von Schornsteinen, das ich hier – zumindest ansatzweise – gerne mit Ihnen teilen will: Schornsteine werden in zwei Ringen gebaut. Der äußere Ring besteht aus Ziegelsteinen. Der innere Ring ist aus Schamottsteinen gebaut, die hitzebeständig sind und richtig teuer. Wenn nun ein Schornstein abgerissen wird, fallen alle Steine ineinander und müssen von Hand sortiert werden.

Ein riesiger Schaufelradbagger packte mir eine Box voller Steine, die ich dann, wie Aschenputtel, die Erbsen sortierte: rechts die Schamottsteine, links die Ziegelsteine. So wurde ich Fachmann im Steine sortieren

Abends kam ich völlig erledigt nach Hause. Meine Hände waren blutig und voller Blasen. Aber ich saß nicht mehr auf der Straße.

Als die Steine schließlich alle sortiert waren, befürchtete ich schon, wieder auf der Straße zu landen. Aber mein Einsatz sollte belohnt werden. Ich wurde befördert und durfte Gabelstapler fahren.

Aus einer festen Anstellung heraus war es dann nicht mehr ganz so schwierig, einen anderen Job zu bekommen. Als nächstes arbeitete ich als Fleischfahrer, anschließend als Auslieferungsfahrer bei einem Möbelhaus. Schließlich bot das Arbeitsamt mir eine Umschulung an: ich erlernte den Beruf des Orthopädiemechanikers. Und in dieser Phase meines Lebens, als alles gut und immer besser zu laufen schien, entdeckte ich den Sport für mich. Obwohl – eigentlich ist es ja eher der Hartnäckigkeit meines Vaters zu verdanken, dass ich irgendwann schlichtweg nicht anders konnte, als die Turnschuhe anzuziehen.

Mein Vater ist selbst Marathonläufer. Damals lief er einen Marathon deutlich unter drei Stunden. Er liebt das Laufen und lag mir vom ersten Tag nach meiner Therapie in den Ohren, dass ich doch mal wieder mit ihm Laufen gehen solle.

Als Jugendlicher, ehe ich angefangen hatte zu kiffen, bin ich ab und zu mit meinem Vater Laufen gewesen. Aber das war Ewigkeiten her. Mein Vater kann – ebenso wie ich – ausgesprochen hartnäckig sein. Und obwohl ich nie mitkam, hörte er niemals auf, mich zu fragen und zu bedrängen. Also lieh ich mir eines Tages ein Paar Turnschuhe von meinem Vater und traf mich mit ihm in dem Wald, in dem mein Vater täglich trainierte.

Wir hatten vereinbart, eine Strecke von sieben Kilometern zu laufen. Obwohl ich – im Gegensatz zu meinem Vater – völlig untrainiert war und außerdem stark rauchte, was einer guten Kondition ja auch nicht zuträglich ist, war ich wild entschlossen, meinem Vater zu beweisen, dass er in seinem Alter gegen mich keine Chance hat!

Mein Vater hingegen hatte ganz andere Absichten. Nach den vereinbarten sieben Kilometern sah ich meinem alten Herren trotz meines Raucherhustens wohl noch zu gut aus. Und ganz plötzlich fand mein Vater in dem Wald, den er kannte wie seine Westentasche, nicht mehr zurück. An diesem Tag musste ich mit meinem Vater statt der angekündigten sieben mindestens siebzehn Kilometer durch den Wald rennen. Danach war ich völlig am Ende. Doch ich hatte Blut geleckt. Nicht weil mir dieser Lauf so großen Spaß gemacht hatte, sondern weil mein Vater mich an eine meiner Grenzen geführt hatte.

In meiner Therapie hatte ich unter anderem gelernt, dass man nicht alle Grenzen, an die man stößt, als gegeben akzeptieren muss. Viele dieser persönlichen Grenzen kann man selbst verschieben – wenn man daran arbeitet. Man darf nur die Anstrengung nicht scheuen.

Ich wollte meinem Vater – aber vor allem auch mir selbst beweisen, dass ich mit ihm mithalten kann. Von diesem Tage an entwickelte ich einen ungeheuren Ehrgeiz, der mich anspornte. So fiel es mir eigentlich auch gar nicht so besonders schwer, mit einem Training zu beginnen und durchzuhalten.

Ich lieh mir Trainingsbücher aus der Bücherei und fing einfach an, mich generell für den Laufsport zu interessieren. Mit dem Rauchen hörte ich zu diesem Zeitpunkt zwar noch nicht auf, doch nach und nach änderten sich meine Ernährungsgewohnheiten, und ich rauchte weniger – ganz von selbst, ohne mir das vorzunehmen.

Dies geschah nicht bewusst oder als Teil meines Trainingsprogramms, sondern mir schmeckten meine bisherigen Lieblingsgerichte einfach immer weniger. Und auch die Zigaretten passten irgendwie nicht mehr zu mir.

Drei Monate nach diesem Waldlauf mit meinem Vater meldete ich mich für meinen ersten Marathonlauf an. Mein Vater und ich gingen gemeinsam in Essen an den Start. Wir hatten uns vorgenommen, den Lauf innerhalb von drei Stunden zu absolvieren. Obwohl ich nun schon mehrere Wochen trainierte, hatte ich keine Vorstellung davon, was es bedeutet, einen Marathon in drei Stunden zu laufen. Ich fand drei Stunden ziemlich lang.
Kurz vor dem Start hatte ich totalen Schmacht auf eine Kippe, schämte mich aber, vor den ganzen Sportlern zu rauchen. Also ich ging etwas abseits, stellte mich hinter einen Baum und rauchte kurz vor dem Start ganz heimlich meine letzte Zigarette. – Denn nach dem Lauf rührte ich keine mehr an.
Wir liefen wie ein Uhrwerk. Das heißt, eigentlich war mein Vater das Uhrwerk. Er hatte sich genau eingeprägt, bei welcher Zeit wir bei Kilometer fünf, Kilometer zehn und so weiter sein mussten, um nicht „zu überzocken" - so nannte er das damals, wenn man sich zu schnell verausgabte. Ich lief die ganze Zeit total unruhig neben ihm her und fand das Tempo einfach nur langweilig. Dann lief sich mein Vater tierische Blasen. Da er diese Probleme häufiger bekam, hatte er vorgesorgt. Er wollte sich auf halber Strecke neue Schuhe geben lassen und schärfte mir ein, langsam weiterzulaufen. Er würde mich dann schon wieder einholen, meinte er. Das war der Startschuss für mich. Jetzt konnte ich endlich mal Tempo machen. Mein Vater hat mich tatsächlich wieder eingeholt – allerdings erst im Zielbereich, als ich schon frische Klamotten an hatte und mit einer Zeit von zwei Stunden dreiundvierzig Minuten mächtig angeben konnte.

Ausgepowert und k.o., mit schweren Beinen, aber voller Stolz über meine gute Leistung fuhr ich zurück nach Hause zu Sabine und Jana. Ich war völlig euphorisch und davon überzeugt, wenn es mir mit einem vergleichsweise geringen Trainingsaufwand gelungen war, so gut abzuschneiden, stünde mir wahrscheinlich eine große Laufkarriere bevor. Also trainierte ich ungeheuer motiviert weiter und meldete mich etwa einen Monat später zu einem Zehn-Kilometer-Lauf an. Dort erhielt ich dann aber leider einen ziemlichen Dämpfer. All die zierlichen nicht mehr als fünfundvierzig Kilo schweren Kenianer legten so ein Tempo vor, dass ich sie schon kurz nach dem Startschuss nicht einmal mehr

von weitem sah. Ich lief mit einer Zeit von dreiunddreißig Minuten zwar insgesamt gar nicht so schlecht, war aber dennoch ganze vier Minuten langsamer als die Jungs, die ganz vorne liefen.

Doch auch als mein Traum von einer Laufkarriere mit dieser Erkenntnis zu platzen schien, trainierte ich unverdrossen weiter. Irgendwann traf ich bei einem Trainingslauf zufällig einen alten Schwimmkollegen aus meiner Kindheit wieder. Er war ziemlich überrascht, mich dort zu treffen, denn er wusste von meinen Drogenproblemen. Wir kamen ins Gespräch und dabei erzählte er mir, dass er Triathlet sei. Triathlon? Damit konnte ich gar nichts anfangen und rätselte: War das nicht diese seltsame Kombination aus Schwimmen, Radfahren und Schießen? Aber mein früherer Schwimmkollege erzählte so begeistert, dass ich neugierig wurde und beschloss, mir den nächsten Triathlon, bei dem er starten wollte, als Zuschauer anzusehen. Drei Wochen vor dieser Veranstaltung wurde er allerdings krank. „Du könntest doch für mich starten", meinte er. Ich? Bei einem Triathlon?
Auf der anderen Seite, wieso eigentlich nicht. Beim Schwimmen war ich vor Jahren ja mal ziemlich schnell. Radeln dürfte auch kein Problem sein. Und beim Laufen hatte ich mittlerweile auch Erfahrung. Also sagte ich wieder mal bei etwas zu, das ich im Grunde gar nicht richtig einschätzen konnte.

Das einzige Problem, das ich sah, bestand darin, dass mir die Ausrüstung fehlte. Ich hatte kein Fahrrad, keinen Neoprenanzug – nur meine durchgelaufenen Turnschuhe und eine Jogginghose.

Ich hatte immer noch jede Menge Schulden, so dass einfach kein Geld für teure Hobbys oder Sportausrüstungen übrig war. Allerdings hatte ich während meiner Therapie den Umgang mit Holz gelernt und Spaß daran gefunden. Sabine und ich lieben alte Möbel – und gelegentlich haben wir auf dem Sperrmüll echt schöne Sachen gefunden. Diese alten Sperrmüll-Möbel restaurierte ich gelegentlich. Manchmal konnten wir ein solches Stück verkaufen und damit unsere Haushaltskasse aufbessern. Ein Schrank, den ich restaurierte, brachte mir genau zum richtigen Zeitpunkt so viel Geld, dass ich mir dafür ein Rennrad kaufen konnte, das ich für den Triathlon brauchte. Für 300 DM erstand ich ein rotes Silo Swiss Rad mit einer 6fach-Shimano-600er-Ausstattung. Klickpedale kannte ich damals noch nicht, sondern hielt meine Körbchen an den Kurbeln für das Optimum an moderner Sportrad-Ausstattung.

Den Neoprenanzug lieh mir mein ehemaliger Schwimmkollege, den ich in dem Rennen vertrat. Allerdings war er knapp fünfzehn Zentimeter größer als ich und auch schwerer, so dass der Anzug nicht wie eine zweite Haut saß, sondern wie ein Sack um mich schlabberte. Was das bedeutete, bemerkte ich, als ich aus dem Wasser stieg. Unter dem Neoprenanzug hatte sich so viel Wasser angesammelt, dass ich aussah wie eine Witzfigur. Trotzdem war ich mit unter den ersten, die aus dem Wasser kamen.

Auch das Radfahren lief ziemlich gut. Nach nur drei Wochen Training schaffte ich über vierzig Kilometer mit einer Durchschnittsgeschwindigkeit von achtunddreißig Kilometern in der Stunde. Doch der Teil des Triathlons, auf den ich mich wirklich freute, war das Laufen. Denn da, so dachte ich, konnte ich zeigen, was ich mir in der letzten Zeit erarbeitet hatte. Aber es kam alles ganz anders. Als ich vom Rad stieg, um loszulaufen, erkannte ich meine Beine gewissermaßen nicht mehr wieder. Weich wie Wackelpudding waren sie, und ich hatte das Gefühl, als würden sie es kaum noch schaffen, mich zu tragen, geschweige denn zu rennen. Hätte ich vorher über den Aufbau eines Triathlons einmal nachgedacht, hätte ich natürlich gewusst, dass das Laufen der schwierigste Teil war. Denn die Beinmuskulatur, die von der langen Radfahrstrecke schon ziemlich stark beansprucht ist, wird ja beim Laufen noch einmal gefordert. Also quälte ich mich die zehn Kilometer bis zum Ziel.

Vom Ergebnis war ich dann gnadenlos enttäuscht, denn in der Gesamtwertung kam ich „nur" auf den dreizehnten Platz. Doch in Gesprächen mit anderen Triathleten kam ich schnell wieder auf den Boden der Tatsachen zurück, und fühlte mich ein wenig getröstet, als andere Teilnehmer erzählten, wie ausgepowert sie sich nach ihrem ersten Triathlon gefühlt hatten. Bis zur Heimfahrt hatte ich schon wieder Oberwasser. Und noch am selben Abend saß ich mit Sabine und Jana bei meinen Eltern zu Hause und verkündete ganz selbstbewusst, dass ich Profi-Triathlet werden wolle.

Entsetzt schauten mich alle an und glaubten, nun leider doch endgültig die Gewissheit und den Beweis zu haben, dass mein Drogenkonsum schwere Schäden in meinem Hirn verursacht hatte. Aber ich ließ mich von der Skepsis meiner Familie nicht beirren, sondern fing an, alles über Triathlon zu lesen, was ich in die Finger bekam. Mein früherer Schwimmkollege lieh mir Bücher, und ich holte mir von allen möglichen Seiten Tipps und Ratschläge.

Ich musste natürlich auch für meine Umschulung zum Orthopädiemechaniker einiges lernen. Trotzdem trainierte ich so viel wie möglich. Ich kann mich noch genau an meine ersten Radausfahrten erinnern. Wenn ich mir damals vierzig Kilometer vornahm, war das eine Strecke, die ich im Kopf eigentlich gar nicht richtig fassen konnte. Das zeigt sich zum Beispiel darin, dass ich mir anfangs einen Proviantvorrat wie für einen Tagesausflug mit Picknick einpackte.
Ein halbes Jahr später startete ich erstmals in der Kronenliga für die „Rückenwind Geckos". Schon in diesem Jahr gehörte ich im Westdeutschen Bereich zu den besten Triathleten der Kurzstrecke.
An die Teilnahme an einem Ironman-Wettkampf habe selbst ich mit meinem naiven Selbstbewusstsein damals nicht einmal im Traum gedacht. Ich hielt die Langstrecken-Triathleten damals für echte Spinner: 3,8 Kilometer schwimmen, 180 Kilometer Fahrrad fahren und anschließend noch 42,19 Kilometer laufen! Wie man ein solches Rennen in Angriff nehmen und sogar schaffen konnte, war für mich unvorstellbar!
Ein weiteres Jahr später qualifizierte ich mich in Hannover bei den German Open für die Europameisterschaft in Ungarn. So kam ich in den Genuss, in die Nationalmannschaft zu rutschen, ohne dass im Vorfeld jemals jemand etwas von mir gehört hatte.
Mir haben die Kurzstrecken-Triathlons immer großen Spaß gemacht, aber ich schaffte es nie unter die Top-Platzierten. Aber genau das wollte ich – ich wollte

nicht irgendwo im Mittelfeld gut mit dabei sein, sondern bei den ganz großen Namen mitlaufen. So wie Jürgen Zäck, der damals zur Weltspitze der Langstrecken-Triathleten gehörte. Genau da wollte ich auch hin.

Mein damaliger Trainer, Michael Krüger, der heute die dänische Nationalmannschaft trainiert, sah mein Talent eher bei der Langstrecke. Also beschloss ich, einer der „echten Spinner" von der Langstrecke zu werden.
1997 startete ich bei meinem ersten Langstreckenrennen in Nizza. Eigentlich hätte ich dort gar nicht laufen dürfen, denn dieses Rennen war die Weltmeisterschaft der ITU, und ich hatte die Nominierungskriterien gar nicht erfüllen können, da ich viel zu kurz dabei war. Doch zum Glück hatte unser damaliger Bundestrainer, Steffen Große, Vertrauen in mein Leistungsvermögen – und er wurde nicht enttäuscht. Ich fuhr mit einem so großen Selbstvertrauen nach Nizza, dass ich nie daran zweifelte, ein gutes Rennen zu absolvieren.
Ich weiß noch genau, wie mich die anderen Athleten aus der Nationalmannschaft beäugt haben: nicht unfreundlich, jedoch mit deutlichen Vorbehalten. Schließlich kannte mich ja keiner.

Vor dem Rennen fragte unser Betreuer, ob wir bereit wären, sowohl uns selbst als auch die anderen aus dem Team einzuschätzen. Wir sollten auf einem Zettel notieren, wie die einzelnen Teamkollegen unserer Ansicht nach wohl abschneiden würden. Die Zettel wurden eingesammelt, und wir sollten sie erst nach dem Rennen anschauen und uns austauschen.
Dass die anderen Athleten mich nicht vorne sehen würden, war mir klar, denn gerade auf der Langstrecke ist es wichtig, Erfahrung mit zu bringen. Aber mein Selbstvertrauen war so groß, dass ich mich unter den deutschen Athleten an erster Stelle sah. Und auch im internationalen Gesamtfeld traute ich mir eine Top-Zehn-Platzierung zu. Wenn ich heute daran zurückdenke, finde ich meine Haltung von damals fast schon ein wenig arrogant.
Auf der anderen Seite war das meine ehrliche Einschätzung von mir selbst und von meinem Team. Und wie sich herausstellte, war diese Einschätzung ja auch durchaus realistisch.
Es ist sicherlich nicht schön zu prahlen oder das eigene Selbstbewusstsein aufzupolieren, indem man andere herabsetzt. Aber so etwas würde mir auch nie in den Sinn kommen. Andererseits muss man jedoch sein Licht auch durchaus nicht immer unter den Scheffel stellen! Und in dem Moment dachte ich nur daran, was ich leisten konnte. Und ich war stolz darauf.

Mit einem siebten Platz wurde ich dann auch bestplatzierter Deutscher in diesem Rennen und konnte damit entscheidend zur Vizeweltmeisterschaft der deutschen Nationalmannschaft beitragen.

Drei Wochen später nahm ich im fränkischen Roth an meinem ersten Ironman-Rennen teil. Dort brach ich einen Weltrekord. Und das veränderte mein Leben grundlegend. Die Medien wurden aufgrund meiner sportlichen Leistungen auf mich aufmerksam. Jetzt erschien mein Name nicht mehr nur vorwiegend in Sport- und Szenezeitschriften. Einige Journalisten sammelten Hintergrundinformationen über mich.

Eigentlich hatte ich mit meiner Vergangenheit abgeschlossen. Das war alles so lange her und hatte mit meinem jetzigen Leben so wenig zu tun. Doch dann fing die heimische Lokalpresse an, neben meinen sportlichen Erfolgen, auch das eine oder andere biografische Detail zu drucken. Auf einmal tauchten in den Zeitungen Überschriften wie: „Vom Partylöwen zum Ironman" oder vom „Kettenraucher zum Ironman" auf.

Damit hatten wir nicht gerechnet. Für mich selbst war dies auch gar nicht weiter schlimm, aber unsere Tochter Jana wusste nichts von meiner Vergangenheit. Jetzt sollte sie keinesfalls aus den Medien erfahren, was damals alles geschehen war. Außerdem machten Sabine und ich uns auch ein wenig Sorgen darüber, wie Janas Umfeld, ihre Lehrer, ihre Freundinnen und vor allem auch die Eltern ihrer Freunde und Schulkameraden reagieren würden, wenn allgemein und überall bekannt würde, dass ich ein Junkie gewesen war und eine kriminelle Vergangenheit hatte.

Wir entschlossen uns, in die Offensive zu gehen und baten Jörg Schmitt Kilian, einen ehemaligen Drogenfahnder und Arbeitskollegen meines Vaters, unsere

Lebensgeschichte niederzuschreiben. So kam im Jahr 2000 meine Biografie auf den Markt. Jörg Schmitt Kilian hat sich sehr viel Mühe gegeben, konnte aber nur soviel aus dem Buch machen, wie auch ich selbst dazu beigesteuert habe. Doch da ich ein zwiespältiges Verhältnis zu meiner Vergangenheit hatte und eigentlich ja auch nicht mit meiner Drogenvergangenheit hausieren gehen wollte, ließ ich ihn beim Schreiben des Buches ziemlich allein.

Es war der absolute Wahnsinn, was nach Veröffentlichung meiner Lebensgeschichte auf mich zu kam. Jeder wollte darüber berichten, und ich wurde von Talk Show zu Talk Show gereicht. Anfangs fand ich das spannend und interessant, aber dann verselbständigte sich das alles irgendwie. Jetzt interessierten sich auf einmal alle sehr viel mehr für meine Vergangenheit als für meine Gegenwart und meine aktuellen sportlichen Leistungen. Statt eines erfolgreichen Sportlers war ich auf einmal der Vorzeigejunkie der Nation.

Sponsoren sprangen ab. Mein Ziel, Profisportler zu werden, rückte dadurch auf einmal wieder immer weiter in die Ferne. Denn ohne Sponsoren geht im Profisport gar nichts.

Resignieren liegt mir nicht. Die Einstellung der Sponsoren ändern konnte ich nicht. Also habe ich das Beste aus der bestehenden Situation gemacht. Aus der Not eine Tugend machen, ist meine Devise. Denn obwohl es mich natürlich ganz empfindlich traf, dass so viele meiner Sponsoren abgesprungen waren, gab es ungeheuer viele positive und überraschende Reaktionen auf die Veröffentlichung meiner Geschichte. Ich merkte, dass ich sehr viele Menschen mit meiner Geschichte erreichte. Dass es vielen Menschen Mut machte, zu sehen, dass ich einen Ausweg gefunden hatte – obwohl ich ganz unten war.

Ich bekam sehr viele Anfragen, Vorträge zu halten. Außerdem rief ich verschiedene Schulprojekte ins Leben, bei denen es anfangs vorwiegend um Suchtprävention ging. Doch der Themenschwerpunkt verschob sich hier bald in die Bereiche Zielsetzung und Zielerreichung. Über diese Projekte und meine Vorträge gelang es mir, sowohl meine Familie als auch meinen Sport zu finanzieren. Klar, das war nicht die optimale Lösung, um professionell Sport zu treiben. So hatte ich das ursprünglich nicht geplant. – Aber auf der anderen Seite: wie oft findet man schon Lösungen, ohne dabei Kompromisse schließen zu müssen? Ich bin fest davon überzeugt, es gibt niemals nur einen einzigen Weg zum Ziel. Ich glaube, wenn man etwas wirklich ganz unbedingt will, dann kann man es schaffen, dann führen viele Wege nach Rom!

Manche dieser Wege sind mühsamer und steiniger. Manche dieser Wege sind zweifellos länger. Manchmal muss man vielleicht sogar einen Umweg über Peking in Kauf nehmen, um nach Rom zu gelangen. Auch mein Umweg zum Profisportler war steiniger, als ich es mir gewünscht hätte. Neben einem Trainingspensum von sechs bis acht Stunden Vorträge vorzubereiten und zu halten, war nicht immer leicht. Aber ich habe „mein Rom" auf diesem Weg erreicht: Mit dieser Lösung habe ich weitere Top-Platzierungen im Triathlon-Sport erreicht und gehörte über lange Jahre hinweg zu den besten Triathleten der Welt.

Zurückblickend kann ich nur feststellen, dass es für mich ein riesiges Glück war, zum Sport gefunden zu haben. Es gibt kaum einen Bereich, in dem man so schnell und einfach Erfolge erlebt.
Beim Sport lässt sich meistens ganz genau erkennen und messen, was man erreicht hat. Je mehr man trainiert, desto besser werden die Ergebnisse, man wird schneller, läuft weiter, schwimmt ausdauernder …
Im Laufe der Jahre habe ich gelernt, die Begeisterung und Motivation, die ich im sportlichen Bereich für mich mobilisieren kann, auch für andere Aufgaben und Ziele zu nutzen. Denn seit meinem ersten Lauf mit meinem Vater hat sich durch den Sport – anfangs, ohne dass ich es bemerkt habe – nach und nach auch meine gesamte Einstellung zum Leben allgemein verändert.

Ich habe erfahren, dass man sein Leben aktiv gestalten und Einfluss darauf nehmen kann, wie es verläuft, indem man nicht einfach nur auf das reagiert, was passiert, sondern sich überlegt, was man will und konsequent versucht, genau dies auch umzusetzen. Ich habe erfahren, wie erfolgreich man sein kann, wenn man sich bewusst Ziele setzt und daran arbeitet, sie zu erreichen. Und ich habe vor allem gelernt, dass es überhaupt möglich ist, Ziele zu erreichen.

Wie und warum mir der Sport dabei geholfen hat, will ich in meinem Buch näher erläutern. In den folgenden Kapiteln werde ich immer wieder Begebenheiten aus meinem Leben und vom Sport erzählen und diese dann gewissermaßen ins Allgemeine übertragen.
Bei meinen Seminaren und Vorträgen habe ich immer wieder beobachtet, dass meine Zuhörer – gewissermaßen durch mein Beispiel – erkannt haben, dass auch sie ihr Leben aktiv gestalten können.

Die Bausteine, anhand derer ich dies in meinem Buch darlegen möchte, nenne ich das Prinzip ZUKUNFT.

Das Z steht für: Zielsetzung
Das U steht für: Umsetzung
Das K steht für: Kraft
Das U steht für: Unterstützung
Das N steht für: Nachhaltigkeit
Das F steht für: Freiheit
Das T steht für: Training

In den einzelnen Kapiteln werde ich die beschriebenen Beispiele und Erfahrungen aus der Einführung nochmals aufgreifen und anschaulich erläutern.
Ich wünsche Ihnen viel Spaß beim Lesen meines Buches und bin überzeugt, dass auch Sie selbst die Dinge schaffen können, von denen Sie bis heute vielleicht nicht einmal zu träumen wagen.

Um im Sport etwas zu erreichen, braucht man ein gehöriges Maß an Ausdauer, man muss zielstrebig sein, einigermaßen hartnäckig und am besten auch noch weitgehend diszipliniert. Genau diese Eigenschaften, die mich im sportlichen Bereich weiter gebracht haben, waren mir auch bei der Umsetzung und Verwirklichung vieler anderer Projekte und Ziele sehr von Nutzen.

Beim Erarbeiten der Konzepte für meine Vorträge und Seminare musste ich mir noch einmal überlegen und klar machen, in welchen Schritten ich selbst vorgehe, wenn ich ein Ziel vor Augen habe. Ich wollte das, was ich eigentlich unbewusst tue, in Bausteine gliedern, die auch für meine Zuhörer nachvollziehbar sind:

- Nachdenken: Wie werde ich mir darüber klar, was ich will – beziehungsweise, was ich keinesfalls möchte?
- Planen: Wie mobilisiere ich meine Energien?
- Wie, wo und bei wem finde ich Unterstützung, Hilfe, Zuspruch, Rat …
- Wie erarbeite ich einen „Trainingsplan“, der mich meinem Ziel in angemessenen und erreichbaren Teileinheiten näher bringt?
- Wie gliedere ich die „Wettkampfstrecke"/den Weg bis zum Ziel, dass ich a) bis zum Schluss durchhalte und mich nicht schon unterwegs völlig verausgabe? und dass ich b) auch zwischendurch immer wieder kleinere Erfolge habe, die mich motivieren?

WAS IST TRIATHLON

Erfunden wurde der Triathlon um 1920 in Frankreich und hieß dort zunächst: „Les trois sports". Mitte der siebziger Jahre erlebte der Ausdauerdreikampf in Kalifornien ein Revival.

Der Grundgedanke besteht darin, drei Ausdauerwettkämpfe in drei unterschiedlichen sportlichen Disziplinen – Schwimmen, Rad fahren und Laufen – direkt hintereinander und an einem Tag zu absolvieren. Mit dieser neuen Kombination verschiedener Sportarten setzten die Triathlon-Veranstalter ganz neue Maßstäbe und Anforderungen. Sportler, die diese extremen Leistungen erbringen konnten, gab es anfangs nur sehr wenige. Ihnen wurde ein extrem hohes Maß an Ausdauer, Kraft und Schnelligkeit abverlangt. Nur mit einem äußerst hohen Trainingspensum und einer außerordentlich vielseitigen sportlichen Begabung kann man diesen Wettkampf überhaupt durchhalten.

In den achtziger Jahren fanden die ersten Triathlon-Wettkämpfe in Europa statt. Mittlerweile ist Triathlon ein wichtiger Bestandteil der nationalen und internationalen Sportszene.

Bei den Wettkämpfen unterscheidet man in der Regel zwischen Kurzdistanz – auch olympische Distanz genannt – und Langdistanz. Die Kurzdistanz setzt sich zusammen aus: 1,5 Km Schwimmen, 40 Km Rad fahren und 10 Km Laufen. Bei der Olympiade in Sydney im Jahre 2000 war der Triathlon zum ersten Mal olympische Disziplin.

Die Königsdisziplin des Triathlons ist jedoch die Langdistanz. Hierbei absolvieren die Athleten 3,8 Km Schwimmen, 180 Km Rad fahren und dann noch die Marathondistanz von 42,195 Km im Laufen.

Wegen der überragenden sportlichen Leistungen der Teilnehmer eines Triathlons sind die großen Rennen immer ein ausgesprochener Publikumsmagnet. Beim Ironman-Rennen in Roth feuern – selbst bei schlechtem Wetter – durchschnittlich 100.000 Zuschauer die Athleten an.

EIN ÜBERBLICK MEINER PLATZIERUNGEN IM TRIATHLON

1997
Sieg Balearman auf Mallorca 1997
7. Platz Nizza-Weltmeisterschaft sowie Vizeweltmeister mit der Mannschaft
17. Platz Ironman Hawaii 1997 mit "Bester Platzierung für einen Neuling"
5. Platz Ironman Europe in Roth
1998
1. Platz Internationalen Triathlon Antwerpen / Belgien
1. Platz Siegerlandcup in Buschhütten
3. Platz Ironman Europe in Roth
1999
3. Platz Ironman Neuseeland
1. Platz Siegerlandcup in Buschhütten
3. Platz Ironman Europe in Roth — *meine schnellste Zeit über die Langdistanz 8:03:54*
14. Platz Ironman Hawaii
7. Platz Ironman Florida
2000
1. Platz Siegerlandcup in Buschhütten
3. Platz Ironman-Europe in Roth
3. Platz Ironman Neuseeland
1. Platz Balearman auf Mallorca
2001
1. Platz Olympische Distanz in Krefeld
2. Platz Ironman-Europe in Roth
7. Platz Ironman Hawaii
2002
4. Platz Quelle Challenge in Roth
1. Platz Westfalentriathlon in Dortmund
2. Platz Ironman Florida
Für Filmaufnahmen startete ich 2007 ein letztes Mal in Roth
2003 - 2005 / Verletzungsbedingt keine Starts
2006 / Comeback – allerdings ohne Leistungsanspruch
2007
1. Platz Mitteldistanz in Marienfeld
1. Platz Westfalentriathlon in Dortmund,
14. Platz Quelle Challenge in Roth u. Deutscher Meister meiner Altersklasse

skinfit
SCOTT

Apothekers Original
ferdesalbe

GOLD

www.arndt-grup

Z *wie* ZIELSETZUNG

Wer sein Ziel kennt, kann sich entscheiden.
Wer sich entscheidet, findet seine Ruhe.
Wer seine Ruhe findet, ist sich sicher.
Wer sich sicher ist, kann überlegen.
Wer überlegt, kann sich verbessern.

(Konfuzius)

1

Z WIE ZIELSETZUNG

ZU GEWINNEN HEISST, DAS ZIEL ZU ERREICHEN,
DAS MAN SICH GESETZT HAT.

In den meisten Fällen steht vor einem Ziel ein Wunsch oder ein Traum. Gelegentlich scheint es, als ob Träume und Wünsche uns zufliegen. Auf einmal sind sie einfach da. Manche steigen aus den Tiefen unserer Seele oder aus dem Unbewussten empor. Und sobald sie da sind, wissen wir, dass sie dort schon lange geschlummert haben müssen.
Zu anderen Wünschen und Träumen lassen wir uns anregen. Und einige Träume hegen wir schon seit unserer Kindheit. Sie gehören fast ebenso zu uns wie unsere Sommersprossen oder unser Lächeln.
Von manchen Träumen wissen wir, dass sie wohl immer Träume bleiben werden – manche, weil sie so märchenhaft sind, dass es uns auch gar nicht in den Sinn kommt, sie in die Wirklichkeit zu zerren. Solche Träume müssen Träume bleiben.

Wunschwelten, in denen wir uns vom Alltag erholen. Zu dieser Art Träume gehört zum Beispiel die Vorstellung vom paradiesischen Leben auf einer einsamen Südseeinsel. Viele Menschen finden es schön und entspannend, sich vorzustellen, jeden Abend bei Wellenrauschen einzuschlafen und ihre Tage ohne Hektik, ohne Telefon, Termindruck und E-Mails in einer Hängematte unter schattigen Palmen zu verbringen. Aber die wenigsten von uns möchten tatsächlich für lange oder gar für immer auf so einer Südseeinsel leben – weit weg von Freunden und Familie, ohne Kino und Restaurants – und ohne das Gefühl gebraucht zu werden und etwas zu leisten.

Andere Träume sind konkreter. Sie entspringen dem Wunsch, etwas in unserem Leben zu verändern. Solche Träume und Wünsche können zu Zielen werden. Ein Ziel muss man formulieren – am besten sogar laut aussprechen. Erst dann kann man sich überlegen, wie und in welchen Schritten man diesem Ziel näher kommen und es erreichen könnte.

Je älter wir werden, desto weniger Träume oder Wünsche lassen wir in der Regel zu. Wir sprechen seltener – oft gar nicht mehr – über unsere Träume. Manchmal steckt vielleicht die Furcht dahinter, von anderen für Versager gehalten zu werden, wenn wir zugeben, dass wir zwar davon träumen, spannende Romane zu schreiben – aber in Wirklichkeit schreiben wir „nur" die Bilanzen in einer Schraubenfirma. Oder dass wir davon träumen, am Ironman in Hawaii teilzunehmen, aber im wirklichen Leben kommen wir schon auf dem Weg zu Fuß zum Bäcker aus der Puste.

Wie oft tun wir unsere Träume als unrealistische Hirngespinste ab. Je älter wir werden, desto seltener rutscht ein Traum so weit nach vorne, dass wir aus ihm heraus ein Ziel formulieren. Gar zu oft geben wir uns einfach mit dem zufrieden, was wir haben.

Kinder sind da ganz anders. Sie stecken voller Ideen – und für sie sind alle ihre Träume im Bereich des Erreichbaren, egal ob sie Prinzessin, Tierärztin oder Astronautin, Erfinder, Lokführer oder Pilot werden wollen.
Kinder sprechen darüber und malen sich aus, wie es wäre, wenn …
Für Kinder gehören Träume und das Ausspinnen von unterschiedlichen Möglichkeiten genauso zu ihrem Leben, wie die Hausaufgaben.

Wann und wieso hören wir auf, unsere Träume auszumalen, davon zu erzählen und davon zu sprechen?

Unsere Wünsche sind Vorgefühle der Fähigkeiten, die in uns liegen.
Vorboten dessen, was wir zu leisten imstande sein werden.
(Goethe)

Das bedeutet also, dass wir beim Wünschen und Träumen oft auch irgendwie schon anfangen, neue Möglichkeiten auszuloten. Deshalb, so finde ich, dürfen wir unsere Wünsche und Träume weder abtun noch gering schätzen oder gar vergessen. Wir dürfen nicht den Mut verlieren, etwas Neues auszuprobieren. Das heißt nicht, dass jeder Weg immer ganz gerade und ohne Umwege zur Verwirklichung eines Traumes führen kann. Im Gegenteil, der Weg zum Erfolg ist so gut wie immer mit größeren und kleineren Kompromissen gepflastert.
Aber man darf seine Träume nicht aufgeben.

Schauen wir uns doch einmal an, wie unser Alltag aussieht? Wie oft steht man widerwillig auf und ist schon beim Zähneputzen im Zeitdruck. Viel zu selten nehmen wir uns die Zeit, schon unser Frühstück zu Beginn eines neuen Tages wirklich und bewusst zu genießen. Viel zu oft gehen wir wenig motiviert zur Arbeit, und fragen uns, wie wir jetzt diesen Tag wohl wieder überstehen sollen. Und wenn wir ihn dann endlich hinter uns gebracht haben, kommen wir nach Hause, essen eine Kleinigkeit und haben dann einfach keinen Elan mehr, uns noch aufzuraffen, etwas zu unternehmen.
Viele Menschen sitzen an viel zu vielen Abenden vor dem Fernseher, zappen eine Weile hin und her, und weil nichts kommt, das sie wirklich interessiert, gehen sie dann irgendwann völlig verdrießlich und missvergnügt ins Bett und sind mal wieder ziemlich unzufrieden mit dem vergangenen Tag. Solche Tage sind anstrengend, denn kaum etwas anderes ist so Kräfte zehrend wie Unzufriedenheit.

Das Schlimme ist, wenn man sehr unzufrieden ist, aber entweder nicht weiß, wie man etwas ändern soll oder aus einem Gefühl der Ohnmacht heraus glaubt, man könne gar nichts daran ändern, leidet man an dieser Situation – und das lähmt. Das dämpft die Freude am Leben – woher soll sie in dieser Situation auch kommen? – bremst jeglichen Unternehmungsgeist und macht Menschen so muffelig, dass Träume auf keinen Fall gedeihen.

Und jetzt soll keiner sagen, so sei das nun eben manchmal, und daran könne man nichts ändern. Es stimmt, so ist das manchmal – aber man kann immer und sehr wohl etwas daran ändern.

Nicht auf einen Schlag, aber nach und nach und Schritt für Schritt!

Das sage ich nicht nur, weil ich ein unverbesserlicher Optimist bin. Das weiß ich zum einen aus eigener Erfahrung und zum anderen mittlerweile auch aus vielen Gesprächen und Berichten mit Menschen, die meine Seminare besucht haben.

Wenn ich in meinen Seminaren frage, welche Ziele sich meine Teilnehmer in ihrem Leben gesetzt haben, bleibt es oft sehr lange sehr still im Seminarraum. Die meisten Köpfe gehen nach unten, und keiner mag einen Anfang machen. Für die meisten sind ihre Träume – wenn sie es überhaupt noch ab und an zulassen, daran zu denken – etwas so Privates, dass sie nur sehr ungern darüber sprechen möchten.

Wenn ich dann beharrlich weiter dränge und gar einzelne direkt anspreche, dann erzählen einige Seminarteilnehmer schließlich von Unternehmungen, die sie für eines der nächsten Wochenenden oder für den nächsten Urlaub geplant haben. Sie sprechen von Plänen für die Umgestaltung der Wohnung oder des Balkons. Junge Leute berichten, dass sie vorhaben, den Schulabschluss zu schaffen oder dass sie sich auf die nächste große Party freuen.

Klar, auch diese Dinge liegen in der Zukunft. Auch um diese Dinge anzustoßen, muss man aktiv werden. Aber die Ziele, die ich meine, sind eher konzeptioneller Art: ich meine die Lebensplanung.

Wie sieht Ihre Lebensplanung in Ihren unterschiedlichen Lebensbereichen aus? Im Privaten, im Beruflichen? Sind Sie überzeugter Single oder möchten Sie gerne in einer Partnerschaft leben?

Leben Sie in einer Partnerschaft? Wie lebendig ist diese Beziehung? Wie harmonisch, wie kommunikativ ist sie? Wie breit ist Ihre gemeinsame Basis, wie stabil ist das Fundament Ihrer Beziehung?

An diesem Punkt meiner Fragen sehe ich in den Gesichtern der Seminarteilnehmer oft ein großes Fragezeichen. „Was will der denn jetzt von uns?", scheinen sie zu denken. „Wir wollen doch hier keine Psychotherapie machen." Natürlich nicht. Mir geht es hier einzig und allein um die Frage der Lebensplanung!

Leben heißt, sich Zukunft anzueignen. Und Leben ist Veränderung.

Fragen Sie sich manchmal, passiert da jetzt eigentlich noch etwas in meinem Leben? Sehnen Sie sich vielleicht nach einigen Veränderungen?

Aber jetzt bloß nicht in blinden Aktionismus verfallen. Ich habe für mich herausgefunden, wenn man einen Plan hat für sein Leben, wenn man Ziele hat, die man verfolgt und denen man sich nähert:

- Dann eignet man sich seine Zukunft aktiv an.
- Dann verändert man sich und sein Leben.

Deshalb möchte ich, dass Sie sich jetzt folgende Frage stellen: Wann haben Sie sich zuletzt ernsthaft hingesetzt und sich Gedanken über ihre ZUKUNFT gemacht? Und wann haben Sie diese Gedanken zuletzt schriftlich festgehalten?

Vielleicht werden Sie jetzt den Kopf schütteln, weil Sie der Ansicht sind, dass Sie sich Ihre Gedanken über die Zukunft doch ebenso gut überlegen können – wozu alles auch noch aufschreiben?

Über einen solchen Einwand muss ich jetzt den Kopf schütteln und behaupte: Einen vierzehntägigen Urlaub planen viele gewissenhafter als ihr Leben.

Die meisten Menschen schreiben sich Einkaufslisten, damit sie im Supermarkt weder die Hälfte vergessen noch zu viele unnötige Dinge in den Einkaufswagen legen. Und da wollen Sie mir sagen, dass man etwas so Komplexes wie seine Lebensziele einfach mal so im Kopf festhalten und sie dann auch umsetzen kann?

Natürlich ist das Leben nicht bis in alle Details planbar – das soll und muss es auch gar nicht sein. Bleiben Sie so flexibel, und treffen Sie Entscheidungen ruhig auch immer wieder kurzfristig und intuitiv. Aber behalten Sie Ihr Ziel und Ihre Lebensplanung trotzdem im Auge. Das, was Sie langfristig erreichen möchten, sollten Sie unbedingt planen. Ihr Leben wird das, was Sie mit Ihren Gedanken und Träumen daraus machen.

Erfolgreichen Menschen fallen ihre Erfolge auch nicht einfach so in den Schoß. Es passiert nicht zufällig, dass ein Sportler gut ist bei dem, was er macht.

Wenn ich zurückblicke, wie ich mit meinen sportlichen Aktivitäten begonnen habe, muss ich feststellen, dass der Sport nicht nur meinen Körper verändert hat, sondern auch mein Bewusstsein.

Meine Lebensgeschichte habe ich im Vorwort bereits kurz erzählt. Mein Schlüsselerlebnis, durch das ich letztendlich zum Sport gefunden habe, war dieser erste gemeinsame Dauerlauf mit meinem Vater.

Als ich mich damals entschied, mehr Sport zu treiben, war das nicht einfach nur ein Entschluss. Ebenso zielstrebig wie ich nach der Therapie einen Job suchte, um meine Familie zu ernähren, fing ich an, mich auf einen Marathonlauf vorzubereiten. Zuvor hat mich Sport überhaupt nicht interessiert. Doch nachdem ich mich entschlossen hatte, beim Laufen ein Ziel zu erreichen, veränderte sich auch im familiären und beruflichen Bereich einiges ganz entscheidend für mich. Ich setzte mir ein Ziel – und von diesem Augenblick kam ich immer und immer wieder mit dem Thema Sport in Berührung.

Dieses Phänomen kennen Sie ganz bestimmt selbst auch: Sie beschließen eines Tages, sich ein blaues Auto zu kaufen. Und während Ihnen in all den Tagen und Monaten zuvor kaum je ein blaues Auto aufgefallen ist, sehen Sie von dem Tag an ständig und überall blaue Autos. Oder Sie treffen mit ihrem Lebenspartner die Entscheidung, eine Familie gründen zu wollen und erwarten ein Kind. Von diesem Tage an sehen sie garantiert ständig Kinderwagen, schwangere Frauen oder erfahren von Schwangerschaften in ihrem Bekanntenkreis, so dass Sie schließlich das Gefühl haben, alle Welt bekäme auf einmal Kinder.
Dies hat natürlich einzig und allein mit Ihrer subjektiven Wahrnehmung zu tun. Denn selbstverständlich gab es vorher genauso viele blaue Autos oder schwangere Frauen. Doch da diese keinerlei Bedeutung für Sie hatten – keinen Bezug zu Ihrem eigenen Leben, haben Sie sie nicht wahrgenommen.
Man sieht also nur das, was man für sich auch als relevant erkennt. Sobald Sie also einen Wunsch erkannt, einen Traum fixiert und ausgesprochen oder ein Ziel für sich formuliert haben, werden Sie aller Wahrscheinlichkeit nach auch jede Menge Möglichkeiten erkennen, wie Sie diesem Wunsch / Traum / Ziel näher kommen können.

Im Rückschluss gilt allerdings: Wenn Sie sich nicht klar machen und ausdrücklich formulieren, was Sie erreichen oder verändern möchten, werden Sie all diese Chancen wahrscheinlich gar nicht erkennen! Ich bin felsenfest davon überzeugt, dass sich allen Menschen jede Menge solcher Chancen bieten. Doch viele Menschen laufen an „ihren blauen Autos" vorüber, ohne sie wahrzunehmen. Sie erkennen ihre Chancen nicht. Deshalb merken sie nicht einmal, wann sie über einen Baustein stolpern, der sie einem ihrer großen Ziele näher bringen könnte. – Und einer der Gründe dafür ist, dass sie sich über diese Ziele selbst noch gar nicht im Klaren sind!
Ich habe oft überlegt, ob ich vor meiner Therapie wohl ein anderer Mensch war. Ein Mensch, der ziellos war und die Lust am Leben verloren hatte.

Nein, ich bin heute der gleiche Mensch wie damals. Aber jeder Mensch trägt die Möglichkeit zum Positiven ebenso in sich wie die zum Negativen. Damals hatte ich in meinem Kopf einen Hebel umgelegt, der in so gut wie allen Bereichen ins Negative führte.

Als Drogenabhängiger ist man schon ziemlich „zielorientiert". Vor allem muss man ein unglaubliches Talent haben, seine Sucht zu verheimlichen. Man muss ein sehr guter Schauspieler sein, und man muss über ein grandioses Organisationstalent verfügen. Ich habe damals bis zu 1.000 DM täglich benötigt, um meine Sucht zu finanzieren. Darüber hinaus musste ich meine Familie ernähren. In gewisser Hinsicht führte ich das Leben eines Top-Managers.

Meine Abhängigkeit verlangte von mir, vierundzwanzig Stunden am Tag für die Sucht zu arbeiten. Dass dadurch alle anderen „alltäglichen Handlungen" in den Hintergrund rückten, bemerkte ich gar nicht. Sich morgens anzuziehen war unnötig. Ich ging ja schon angezogen ins Bett. Die Zähne zu putzen fiel aus. Regelmäßig zu essen – sich am Essen zu freuen oder sich am Ende sogar Gedanken über die Ernährung zu machen, das kam nicht vor.

Am Anfang meiner Therapie ging es nach dem körperlichen Entzug unter anderem erst einmal darum, sich alltägliche kleine, unbedeutende Ziele zu setzen und als notwendig anzuerkennen: aufstehen, sich zu waschen und die Zähne zu putzen. Sich also für den Tag vorbereiten.

Unsere Therapeutin hat uns immer gesagt, wenn wir etwas tun, sollten wir versuchen, auch genau das zu tun, was wir gerade machen. Sie erläuterte uns, was sie damit meinte, anhand einer Geschichte, die ich hier weitergeben möchte:

Ein Westeuropäer und ein Buddhist unterhalten sich.
Der Westeuropäer fragt den Buddhisten: „Wie schaffst du es, beim Meditieren so völlig entspannt und ruhig zu werden?" Daraufhin antwortet der Buddhist: „Morgens frühstücke ich. Mittags esse ich zu Mittag. Abends esse ich zu Abend. Und nachts schlafe ich."
Der Westeuropäer schaut den Buddhisten irritiert an und sagt: „Aber genau das mache ich doch auch!" Der Buddhist schüttelt den Kopf und sagt: „Nicht ganz. Denn wenn du frühstückst, bist du mit den Gedanken schon beim Mittagessen. Wenn du zu Mittag isst, bist du mit deinen Gedanken schon beim Abendessen. Wenn du zu Abend isst, bist du schon beim Schlafen. Und wenn du dann versuchst zu schlafen, findest du keine Ruhe, weil du schon dabei bist, den nächsten Tag zu planen. Wie soll man so zur Ruhe kommen?"

So habe ich in der Therapie gelernt, meine Zähne zu putzen und auch tatsächlich mit meinen Gedanken beim Zähneputzen zu sein. Mein Frühstück, das ich früher einfach so herunter geschlungen habe, wurde ein wichtiger Bestandteil meines Tagesablaufes. Sobald es mir nicht mehr egal war, was ich aß, schmeckte mir mein Essen auch wieder zunehmend besser. Es fing an, mir Spaß zu machen, mich mit mir und den Dingen auseinanderzusetzen, die meinen Alltag ausmachen. Eines Tages kam der Punkt, an dem ich begriff, dass es genau darauf ankommt: man muss sich auf das konzentrieren und sich auf das einlassen, was man gerade macht.

Als ich aus der Therapie kam, hatte ich eigentlich noch mehr Probleme als vor der Therapie. Denn jetzt war ich nicht mehr den ganzen Tag benebelt, sondern erkannte ganz genau, wo ich stand. Mit einem Neunte-Klasse-Hauptschulabschluss, einer abgebrochenen Handelsschule, einer nicht beendeten Elektrikerausbildung und der Justiz, die mir noch im Nacken saß, wusste ich genau, dass es verdammt schwer wird, wieder den Weg zurück in die Gesellschaft zu schaffen. Aber ich wusste auch, dass ich ganz unbedingt etwas ändern wollte und zwar mit aller Energie und Kraft, die mir zur Verfügung stand.

Wenn ich mich damals an meiner Vergangenheit orientiert hätte statt an einer Zukunft, die ich selbst gestalten wollte, dann wäre mein Vorsatz, etwas in meinem Leben von Grund auf zu verändern, ins Leere gelaufen, und ich hätte sicherlich keine Chance gehabt.

Mein großes Glück war, dass meine Frau Sabine mich nach der Therapie wieder bei sich und unserer Tochter aufgenommen hat. Und dass sie an mich glaubte. Ohne Sabine und den emotionalen Halt, den sie mir gab, hätte ich die ganze Ablehnung, die ich anfangs überall spürte, gar nicht aushalten können. Meine Frau und meine Kinder geben mir auch heute immer wieder die Kraft, jeden Tag aufs Neue positiv zu beginnen.

Ebenso wie ich damals haben auch Sie es selbst in der Hand: Wenn Sie zufrieden und glücklich mit Ihrem Leben sind, so wie es ist, wenn es Ihnen gut geht, ist es ganz wunderbar und überaus erfreulich für Sie. Wenn aber nicht, dann wird es Zeit, dass Sie anfangen, an sich zu glauben. Machen Sie sich klar, wo Sie stehen und wo Sie hin wollen. Lassen Sie Träume und Wünsche zu und formulieren Sie diese als ein Ziel. Aber versuchen Sie nicht, mit den großen Sprüngen anzufangen, sondern mit kleinen Schritten.

Genauso habe ich nach der Therapie auch angefangen. Ich habe zuerst einmal überlegt: was kann ich eigentlich. In welchen Bereichen habe ich eine reelle Chance, tatsächlich einen Job zu bekommen. Liebend gerne hätte ich sofort einen anspruchsvollen Job in Angriff genommen. Aber so funktionierte es leider nicht. Anfangs hatte ich so viele Nebenkriegsschauplätze, dass ich heute gar nicht mehr genau weiß, wie wir, meine Familie und ich, das alles bewältigen konnten. Ständig hatten wir Termine beim Sozialamt und bei Banken, denn ich hatte ja noch eine Menge Schulden aus der Vergangenheit. Hinzu kam der ganze Stress mit der Staatsanwaltschaft. Dort lagen wegen meiner Beschaffungskriminalität eine Menge Strafanzeigen gegen mich vor, die zwar nicht zur Anklage kamen, weil ich ja eine Therapie gemacht hatte, die aber auch nicht einfach so unter den Tisch fielen.
In dieser Situation bewarb ich mich bei ganz vielen, ganz unterschiedlichen Firmen. Doch leider bekam ich immer die gleiche Antwort: „Für Sie haben wir leider keine Arbeit." Doch da ich mir das Ziel gesetzt hatte, einen Job zu bekommen, gab ich nicht auf. Genaueres dazu schreibe ich im nächsten Kapitel: Umsetzung.

WO EIN WILLE IST, IST AUCH EIN WEG

Dies ist die Geschichte eines achtjährigen Jungen, der im Jahr 2006 einen ganz großen Wunsch hatte: Er wollte bei der Fußballweltmeisterschaft als Fifa-WM-Kind an der Hand eines Spielers in ein Stadion einlaufen. Dieser Junge ist mein Sohn Lorenz. Er kam eines Tage auf mich zu und verkündete: „Papa, ich will Fifa-Kind werden!" Tja, dachte ich mir, schön – und jetzt?

Lorenz hatte erfahren, dass es bei McDonald's die Möglichkeit gibt, bei einem Preisausschreiben einen Platz als McDonald's Player Escorts zu gewinnen. Jetzt kommt allerdings erschwerend hinzu, dass Lorenz nicht nur Fifa-Kind sein, sondern auch unbedingt mit seinem großen Vorbild Jens Lehman einlaufen wollte. Meine Situation als Vater war zu diesem Zeitpunkt wirklich nicht gerade leicht. Ich predige zwar immer und immer wieder, dass man an sich glauben soll, und fast alles schaffen kann, was man sich vornimmt. Aber andererseits war mir klar, dass sich das, was mein Sohn sich da wünschte, hunderttausend andere Kinder ebenfalls in den Kopf gesetzt hatten.

Vom Ziel haben viele Menschen einen Begriff, doch wollen sie es gerne schlendernd auf irrgänglichen Pfaden erreichen.
(Goethe)

Also versuchte ich, seine Hoffnungen nicht zu groß werden zu lassen. Doch er war so fest davon überzeugt, dass er sein Ziel, Fifa-Kind zu werden, erreichen würde, dass er meine Zweifel gar nicht hören wollte.
Sechs Monate vor der WM hielten wir bei jedem McDonald's an, quer durch die Republik. Da ich durch meinen Sport an den Wochenenden in ganz Deutschland unterwegs war, und meine Familie mich sehr oft zu den Wettkämpfen begleitet, mussten wir an überall, wo ein goldenes M uns entgegen leuchtete, sofort von der Autobahn runter. Denn mein Sohn hatte nichts anderes mehr im Kopf, als dieses Preisausschreiben. Er schrie: „Stopp, anhalten!", sobald er einen McDonald's sah. Auf diese Weise habe ich bestimmt fast alle McDonald's-Restaurants in Deutschlands kennen gelernt.

Drei Wochen vor dem Beginn der Fußball Weltmeisterschaft hatte er noch mit keinem seiner zahllosen Preisausschreiben-Kärtchen gewonnen. Ich versuchte Lorenz schonend darauf vorzubereiten, dass wir uns die Fußball-Weltmeisterschaft schön im Fernsehen anschauen werden. Doch davon wollte er absolut nichts hören.

Kurz vor der WM konnte man bei einer Kindersendung im Fernsehen ebenfalls einen von zehn Plätzen als McDonald's Player Escorts gewinnen. Die Aufgabe bestand darin, sich etwas Besonderes einfallen zu lassen, um einen dieser Plätze zu ergattern. Lorenz war nach der Sendung ganz aufgeregt und davon überzeugt, dass das seine Chance war.
Als ich nach Hause kam, war es schon dunkel, aber Lorenz hatte sich Halogenstrahler organisiert. Er hatte seine Fußballklamotten an – natürlich die Torwartkluft mit dem Namen von Jens Lehmann auf dem Hemd.
Er wollte, dass ich ihn in verschiedenen Situationen fotografiere. Die Fotos sollten dann zu einer Collage zusammengestellt werden. Und Lorenz wusste ganz genau, wie das alles aussehen sollte.
Am Tag darauf tütete er seine Arbeit ein, und wir brachten sie zur Post. Als er den Brief aufgegeben hatte, drehte er sich mit einem breiten Grinsen um und meinte: „Papa, nächste Woche kriege ich dann Bescheid!". Bei soviel Optimismus kann man nichts mehr sagen!
Genau eine Woche, nachdem er seinen Brief weggeschickt hatte, bekam er ein Schreiben von McDonald's, in dem stand: Er hatte gewonnen!
Bei welchem Spiel er McDonald's Player Escorts sein durfte, stand zu diesem Zeitpunkt noch nicht fest. Noch mal eine Woche später kam ein weiteres Schreiben, in dem das Spiel S49-S50 in Berlin für Lorenz bestimmt wurde.
Erst nach den Vorrunden- und den dann folgenden Ausscheidungsspielen wurde klar, dass Lorenz beim Spiel Deutschland - Argentinien in Berlin dabei sein würde. Eine erziehungsberechtigte Person durfte ihn begleiten. Wir beschlossen, dass meine Frau mitfahren würde. Ich wollte mir das Spiel beim „Public Viewing" anschauen. Stolz wie Oskar sah ich, wie Lorenz mit dem argentinischen Spieler Roberto Ayala den Platz betrat.

Lorenz hat sich etwas gewünscht. Er hat dieses Ziel hartnäckig verfolgt. Und jetzt war er am Ziel seines Wunsches! Auf diese Weise führte mir mein achtjähriger Sohn noch einmal ganz eindrücklich vor Augen, wie wichtig es ist, an sich und seine Ziele zu glauben. Lorenz hat nicht eine Sekunde damit verschwendet, ein Scheitern seines Traumes in Erwägung zu ziehen. Er hat an sich

geglaubt und nicht aufgegeben. Er hat alle Möglichkeiten genutzt, die er gefunden hat, um sein Ziel zu erreichen. Er hatte den Willen, und er hat auch einen Weg gefunden!

Als ich Lorenz und Sabine vom Flughafen abholte, war er natürlich mächtig
stolz und trug noch immer seine Fußballbekleidung. Er erzählte wie ein Was-
serfall.
Etwas später habe ihn auf seinen ursprünglichen Wunsch, Jens Lehmann zu
treffen, angesprochen. Irgendwie war ich fast ein bisschen erleichtert, dass sich
Lorenz' Wunsch dann doch nicht zu hundert Prozent erfüllt hatte. Wie hätte
ich diesen kleinen Knaben sonst je wieder auf den Boden zurückkriegen sollen?
Aber Lorenz fing auf meine Frage hin nur wieder breit an zu grinsen. „Schau
Dir doch mal die Fotos im Internet an!", meinte er. Tatsächlich. Da gab es neben
dem Foto mit Ajala noch ein Foto, auf dem man Jens Lehmann sah und im
Hintergrund war mein Sohnemann. Lorenz' Kommentar beim Betrachten der
Fotos war: „Papa, Du sagst doch auch immer, man kann fast alles schaffen,
wenn man es nur richtig will!" Und das stimmt!

Als ich damals nach meiner Therapie verkündete: „Ich werde Profi-Triathlet!", haben mich fast alle Menschen nur müde belächelt. Heute finden die meisten, dass es eine Sensation ist, dass ich das tatsächlich geschafft habe. Meine ganze Lebensgeschichte sei ziemlich unfassbar, höre ich immer wieder. Ich aber sage, es ist nicht unfassbar. Ich habe meine Vision zu meinem Ziel gemacht.

Dieses Ziel habe ich dann nie aus dem Blick verloren, sondern habe es Tag für Tag, Stunde für Stunde beharrlich und in kleinen Schritten verfolgt. Ich habe im Grunde nichts anderes getan als mein kleiner Sohn: Ich habe an mich und mein Ziel geglaubt.

Was sind Ihre Ziele?

Fangen Sie an zu träumen. Das ist schon ziemlich lange her? Macht nichts. Erinnern Sie sich. Welche Träume aus Ihrer Kindheit oder Jugendzeit haben sich erfüllt? Welche Träume haben Sie zur Seite geschoben oder vergessen? Schreiben Sie alle Ziele und Träume, die Ihnen einfallen, auf ein Blatt Papier. Sortieren Sie nicht aus. Schreiben Sie einfach drauflos. Brainstormen Sie. Lassen Sie einen Sturm durch ihre Gedanken fegen und sich mitreißen.

Sind Sie mit Ihrem Leben glücklich?

Soweit wir wissen, haben wir nur dieses eine Leben. Wenn wir Glück haben, können wir an die hundert Jahre alt werden. Doch ganz egal, wie alt wir werden, es ist doch erstrebenswert, am Ende auf sein Leben zurückschauen zu können, ohne sich vorwerfen zu müssen, man habe etwas versäumt.

Wäre es nicht schrecklich, wenn man irgendwann erkennen müsste, dass man unglücklich ist, weil man vergessen oder verdrängt hat, was einen glücklich machen könnte. Schließlich wurde uns das Leben gegeben, um es zu entdecken. Aber dazu müssen wir uns zu der Eigenverantwortlichkeit unseres Handelns und Tuns bekennen. Das ist der erste große Schritt. Den zweiten hat Sir Isaak Newton sehr treffend formuliert:

Der menschliche Körper beharrt so lange in seinem Zustand der Ruhe, bis er gezwungen wird, diesen Zustand zu ändern.

Träumen Sie davon, wie sich Ihr Leben verändern würde, wenn Sie einen lang ersehnten Wunsch in die Realität umsetzen könnten.

Stellen Sie sich vor, Sie gehen abends ins Bett, machen die Augen zu und schlafen ein. Im Traum erscheint Ihnen eine gute Fee und erfüllt Ihnen jeden Wunsch, den Sie je hatten. Doch die guten Feen sind leider selten geworden. Oder sollte ich sagen, man begegnet ihnen zum Glück kaum je?

Auch wenn man in den schwierigen Momenten garantiert nichts Positives an den Problemen finden kann, die man hat: Menschen wachsen an den Herausforderungen, denen sie sich stellen müssen. Und auch das ist letztendlich immer positiv. Ganz gleich, wie sehr man sich etwas auch wünschen mag, es wird nie alles klappen, was man sich vornimmt. Man wird nur ganz selten alles und genau so erreichen, wie man es sich wünscht. Seien Sie auch immer wieder bereit, einen Kompromiss einzugehen. Man muss sich die positiven Situationen in seinem Leben ins Gedächtnis rufen, wenn man Angst hat, zu scheitern.
Auch erinnere mich bei Wettkämpfen immer wieder an schöne Situationen, um leichter durchzuhalten. Mit der Geburt meiner Kinder verbinde ich beispielsweise ganz starke, positive Bilder, die mich ermutigen, nicht aufzugeben und weiterzumachen.

Aber auch negative Assoziationen spornen mich gelegentlich an. Wenn zum Beispiel ein Gegner vor mir läuft und ich habe das Gefühl, ich kann einfach nicht mehr. Ich will mich zufrieden geben mit dem Platz, den ich jetzt schon habe. Dann stelle ich mir manchmal vor, dass der Sportler vor mir meinen Kindern das Essen wegnehmen wird, wenn ich ihn nicht überholen kann. Oder aber ich rufe mir ins Gedächtnis, wie schlecht es mir ging, als ich drogenabhängig war und auf der Straße lebte. Und der Gedanke, dass ich da nie wieder hin möchte, spornt mich dann ebenfalls oft an.

Sie sehen, es gibt ganz verschiedene Möglichkeiten, sich Ziele zu setzen. Nicht jede Möglichkeit passt für jeden. Seien Sie aufmerksam und überlegen Sie, was Ihnen gut tut. Denn nur darum geht es, dass Sie sich bei dem, was Sie machen, wohl fühlen.

Fangen Sie an, „ihre blauen Autos" zu suchen und zu erkennen. Nutzen Sie alle Zufälle, ergreifen Sie jede Chance, die Sie einem Ihrer Ziele näher bringen könnte – ganz gleich wie klein der Schritt auch scheinen mag!

U *wie*
UMSETZUNG

Es ist unglaublich, wie viel Kraft die Seele
dem Körper zu verleihen vermag.
(Wilhelm von Humbold)

2

U WIE UMSETZUNG

Sich ein Ziel zu setzen und es umzusetzen, sind zwei ganz verschiedene Paar Schuhe. Diese Erfahrung haben wir sicherlich alle schon des Öfteren gemacht. Pläne zu schmieden ist schon nicht immer einfach, aber Vorsätze in die Tat umzusetzen, ist meistens richtig schwierig!

Um zu erläutern, was ich meine, möchte ich ein Beispiel aus dem Bereich Schule wählen.

Als Schüler wurden einem die Ziele ja oft genug sogar vorgegeben. Zum Beispiel angekündigte Klassenarbeiten. Das Ziel war klar: in dieser Arbeit eine möglichst gute Note bekommen. Der Weg dorthin war auch klar: den vorgegebenen Stoff lernen.

Wie ist dieses Ziel zu erreichen? Indem man rechtzeitig mit dem Lernen und Wiederholen des Stoffes beginnt.

Die Hürden auf dem Weg zum Ziel liegen in den Wahlmöglichkeiten bzw. im Hinauszögern. Nach Hause kommen und nach den Hausaufgaben für die Klassenarbeit zu lernen *oder* nach Hause kommen, sich sagen, mit dem Lernen hat es ja noch Zeit und sich lieber erstmal mit einem Freund (oder in meinem Fall, besser noch, mit einer Freundin) treffen?

Großes Pech, wenn am nächsten Tag eine weitere Arbeit angekündigt wird. Und am übernächsten Tag – ja haben sich die Lehrer denn abgesprochen? – wird in einem dritten Fach ebenfalls eine Arbeit angekündigt.

Für welche der drei Arbeiten lernt man nun zuerst? Wo fängt man an? Ich habe mich in so einem Fall ganz schnell überfordert gefühlt. Also habe ich wieder eine Klassenkameradin angerufen, wir haben festgestellt, dass es ihr genauso ging – und haben gemeinsam auf die verrückten Lehrer geschimpft.

Am Tag der ersten Klassenarbeiten ging ich dann mit einem superschlechten Gefühl in die Schule und musste bangen, dass mein Spickzettel nicht gefunden wurde oder ich neben jemanden sitzen konnte, der es geschafft hatte, tatsächlich zu lernen.

Aus heutiger Sicht sage ich natürlich, das hätte ich viel einfacher haben können, wenn ich bei der ersten Ankündigung einer Klassenarbeit gleich angefangen hätte zu lernen.

Diese vergangene Schulsituation kann ich prima analysieren – muss aber leider zugeben, dass ich auch heute noch häufig genug nach dem gleichen Muster reagiere wie damals als Schüler.

Beispiel gefällig: die Steuererklärung.

Immer und immer wieder, Jahr für Jahr, nehme ich mir vor, alles besser zu sortieren und mich auf den Steuerabgabetermin besser vorzubereiten – und gerate jedes Jahr in die gleiche Hektik.

Es gibt eine Studie, die besagt, wenn man sich etwas vornimmt und mit der Umsetzung nicht innerhalb von zweiundsiebzig Stunden beginnt, fängt man nie damit an.

Ob es nun tatsächlich diese magischen drei Tage sind oder zwei Wochen, ist letztendlich unerheblich. Was sicherlich stimmt, ist folgendes: wenn wir nicht ziemlich rasch damit anfangen, einen gefassten Vorsatz in die Tat umzusetzen, finden wir immer mehr Ausreden, es gar nicht zu tun.

Mein großes Ziel nach der Therapie bestand darin, einen Job zu finden. Doch ganz gleich, wo ich mich auch vorstellte, es hagelte nur Absagen. Mit meinen schriftlichen Bewerbungen hatte ich ebenso wenig Erfolg. - Eigentlich nicht sonderlich überraschend, denn ich konnte ja leider weder mit außergewöhnlich guten Zeugnissen noch mit anderen Qualifikationen aufwarten. Mir blieb nur eine Chance: ich musste die Menschen mit Entschlossenheit und Beharrlichkeit davon überzeugen, dass ich wirklich etwas aus meinem Leben machen wollte. Also habe ich mich entschlossen und hartnäckig bei den Firmen, die mir am Tag zuvor eine Absage erteilten hatten, am folgenden Tag wieder vorgestellt.

Bei einer Firma habe ich an vier aufeinander folgenden Tagen Absagen kassiert. Als ich am fünften Tag wieder vor der Sekretärin stand, schickte sie mich aus Verzweiflung zu ihrem Chef, damit der mir klar machen sollte, was ich aus ihrem Mund anscheinend nicht verstehen wollte: dass es für mich dort keine Arbeit gäbe.

Doch es kam anders, ihr Chef gab mir die Chance, einen Job zu machen, den sonst keiner haben wollte. So wurde ich Facharbeiter für abgerissene Schornsteine. Schornsteine bestehen aus einem äußeren Ring von Ziegelsteinen sowie einem inneren Ring aus Schamottsteinen. Diese Schamottsteine sind hitzebeständig, teuer und wieder verwertbar. Also trennt man Ziegel- und Schamottsteine voneinander. Das ist jedoch nur per Hand möglich. So habe ich wochenlang Steine von links nach rechtes sortiert und bin abends mit blutigen Händen nach Hause gekommen.

Spaß hatte ich an dieser Arbeit in keiner einzigen Minute. Trotzdem bekam ich dafür mehr als Geld: nämlich Selbstwertgefühl, weil ich es geschafft hatte. Weil es mir gelungen war, einen Job zu bekommen.
Es war ein gutes Gefühl morgens aufzustehen, mich von meiner Frau und Tochter zu verabschieden und sagen zu können: „Tschüss, bis nach der Arbeit." Natürlich habe ich nicht in diesen abstrakten Kategorien gedacht, aber ich habe letztlich einen Wunsch zum Ziel gemacht. Dieses Ziel habe ich verfolgt und letztendlich auch erreicht.
Ich hatte mir vorgenommen, einen Job zu bekommen, und habe den Job angenommen, den ich kriegen konnte. Ohne irgendeine Ausrede.

Mit meiner Zielstrebigkeit und mit meiner Hartnäckigkeit überzeugte ich meinen damaligen Arbeitgeber. Eines Tages beförderte er mich zum Gabelstapler-Fahrer. Okay, das war vielleicht immer noch nicht der absolute Traumjob, aber ich war von diesem Tage an nicht mehr derjenige, der die Steine sortieren musste. Später nahm ich einen Job als Fleischfahrer an und bemerkte schnell, dass man aus einem bestehenden Arbeitsverhältnis viel bessere Möglichkeiten hat, eine neue Arbeitsstelle zu bekommen.

Irgendwann fand ich in einem renommierten Möbelhaus eine Arbeit, die mir Spaß machte und mehr forderte als die Jobs davor. Schließlich begann ich eine Umschulung und holte auch meinen Schulabschluss nach.

Jetzt mal ganz ehrlich, hätten Sie jemanden wie mich, mit meiner Vergangenheit in Ihrer Firma angestellt? Wenn Sie einen Lebenslauf bekommen würden, in dem zu lesen ist:

· 9. Klasse Hauptschulabschluss, Notendurchschnitt 4,5,
· Handelsschule abgebrochen,
· Ausbildung zum Elektriker abgebrochen,
· während der Bundeswehrzeit degradiert,
· Therapie und Gefängnisstrafe.

Ich kann jeden verstehen, der das Risiko, einen solchen Menschen einzustellen, nicht eingehen möchte. Doch wenn dann jemand Tag für Tag auf der Matte steht und sich immer und immer wieder bewirbt? Wenn dieser Mensch eine Entschlossenheit und einen Willen ausstrahlt und bereit ist, wirklich jeden Job anzunehmen, den man ihm anbietet? Was wäre dann?

Wir Menschen sind viel mehr als das, was Noten und Zeugnisse über uns zusammenfassen können. Jeder von uns hat eine unverwechselbare Persönlichkeit. Und jeder von uns hat eine Ausstrahlung, die sich meist nur sehr schwer in wenigen Begriffen – aber gar nicht in Noten – ausdrücken lässt. Auch die Stationen eines Lebenslaufes geben nur bedingt Auskunft über die Persönlichkeit. Doch wenn es gelingt, dass wir gewissermaßen uns selbst als Gesamtheit – und nicht reduziert auf eine Deutsch- oder Mathenote - bei einer Bewerbung in die Waagschale werfen können, haben wir immer eine größere Chance.

Jeder Mensch ist einzigartig und hat die die Fähigkeit, andere Menschen zu berühren. Dies ist schwer in Worte zu fassen, gibt uns aber die Chance, mehr zu sein als nur Noten in einem Zeugnis.

Ein ganz wichtiger Aspekt dabei sind Wahrhaftigkeit und Ehrlichkeit. Wichtig ist, dass wir uns nicht verstellen, dass wir nicht versuchen, uns anders oder besser darzustellen. Dazu gehört natürlich auch Vertrauen, dass unser Gegenüber eventuelle Schwächen und Verletzlichkeiten, die wir in diesem Moment vielleicht auch erkennen lassen, nicht gegen uns nutzt.

In dieser Hinsicht habe ich die Erfahrung gemacht, dass die meisten Menschen sehr viel fairer sind, als man immer befürchtet. Sie lassen sich nämlich berühren. Ich glaube heute, dass ich meinen ersten Arbeitgeber auf eben diese Weise berührt habe. Das hat ihn angesprochen und davon überzeugt, dass es richtig ist, mir eine Chance zu geben.

Nachdem ich in zwei wichtigen Bereichen meines Lebens wieder Ruhe und Ordnung gebracht hatte – unser Familienleben war sehr glücklich und harmonisch, im Beruflichen lief es auch zunehmend runder – kam mein Vater und drängte mich zu einem gemeinsamen Dauerlauf.

Daraus entsprang ganz schnell ein weiteres Ziel: Ich wollte an einem Marathonlauf teilnehmen. Gerade am Anfang fiel es mir sehr schwer, nicht schon beim ersten Muskelkater aufzugeben.

Doch gerade das Laufen bietet jedem Menschen auf eine unglaublich einfache Art ganz schnell die Erkenntnis, dass sich durch Training etwas entwickelt.

Vor meiner Therapie wog ich achtundvierzig Kilo – danach einundneunzig. Außerdem rauchte ich täglich zwei Schachteln Zigaretten. Das sind wahrhaftig keine idealen Voraussetzungen, um sportliche Leistungen zu erzielen.

Als ich mit dem Lauftraining begann, war es schon eine ziemliche Quälerei. Neben meiner mangelnden körperlichen Fitness, wusste ich ja auch so gut wie nichts über das Laufen und Trainingsaufbau etc..

Ich machte sehr viele Fehler und habe erst nach und nach aus Fachzeitschriften, Büchern und von anderen Läufern gelernt, mein Training richtig zu gestalten. Aber letztendlich ging es so schnell voran, dass ich mich auf jede neue Trainingseinheit freute. Unbewusst habe ich immer häufiger die Bausteine erkannt, die meine Ausdauer steigerten. Ich nutzte jede Chance, um mehr über das richtige Training zu erfahren.

Dadurch veränderten sich nicht nur meine Trainingsabläufe, mein Körpergefühl sowie meine Einstellung zu Ernährung und zum Rauchen, sondern auch insgesamt meine Haltung zu mir, zum Leben, zu meinem Beruf und meinem gesamten Alltag.

Durch das Laufen wurde ich selbstbewusster. Auch wenn es am Anfang oft weh tat, kam immer mehr der Spaß zum Vorschein.

Wenn man mich früher gefragt hätte, was machst Du denn heute oder vielleicht auch in einer Woche, hätte ich sicherlich keine konkrete Auskunft geben können. Nun wusste ich, dass ich morgens trainierte. Später ging ich arbeiten, und abends konnte ich wieder trainieren. Nach dem Abendbrot machte ich noch Gymnastik. Auf diese Weise katapultierte ich mich über das Lauftraining in eine Welt, die es für mich zuvor überhaupt nicht gegeben hatte.

Neben meinem Training wollte ich meine Ausbildung so gut wie möglich abschließen.

Meine Tochter begleitete mich mit ihrem Rad bei meinen Laufeinheiten, und auf diese Weise verbrachten auch wir beide durch den Sport mehr Zeit miteinander als zuvor.

Neben den normalen, alltäglichen Dingen, die wir als Familie erlebten, lernten wir durch den Sport Städte, Länder und Menschen kennen, die uns unter normalen Umständen immer fremd geblieben wären.

Ich hatte in meinem Leben etwas gefunden, das mich richtig packte und mein Leben noch intensiver machte.

Ich hatte den Mut, an mich zu glauben, und angefangen, an dem zu arbeiten, wofür mein Herz schlug. Und dadurch kam ich zudem noch meinem nächsten Ziel näher: meinem ersten Marathonlauf.

Man muss etwas wirklich wollen – das ist meiner Meinung nach die wichtigste Voraussetzung, um eines Tages seine Ziele auch zu erreichen.

Wo stehen Sie zurzeit?

Gibt es in Ihrem Leben Bereiche, in denen Sie gerne etwas verändern möchten, aber nicht so recht wissen „wie"?

Haben Sie einen Traum – aber fürchten, es sei ohnehin zu spät, ihn zu verwirklichen?

Was genau hindert Sie daran, es nicht trotz allem zu versuchen? Vielleicht ist es die Furcht vor dem Neuen, Unbekannten? Die Angst zu versagen, Angst vor Ablehnung, Angst, sich lächerlich zu machen? Solche Befürchtungen sind verständlich. Aber dennoch dürfen wir nicht zulassen, dass sie uns lähmen und abhalten.

Ich bin davon überzeugt, es ist allemal besser, wenigstens zu versuchen, das, was man sich wünscht, in die Wege zu leiten, als auf ewig zu bedauern, dass es nie eingetreten ist.

Aber von nichts kommt nichts und von alleine schon gleich gar nicht. Wenn wir etwas wollen, müssen wir aktiv werden. Dabei ist der erste Schritt wie immer der schwerste – aber sicherlich auch der wichtigste. Wir müssen ihn nur tun! Und wenn der erste Schritt getan ist, fällt der zweite schon viel leichter, der dritte fällt noch leichter. Und wenn man sich dann solchermaßen erst einmal auf den Weg gemacht hat, kommt man ganz bestimmt auch an sein Ziel!

Eine sehr einprägsame Definition für Tun ist ein rückwärts gelesenes Akrostichon (d.h., aus den Anfangsbuchstaben anderer Wörter wird ein Begriff gebildet):

Nicht
Unnötig
Trödeln!

Wie ich zu einem der besten Triathleten der Welt wurde, erzähle ich Ihnen im nächsten Kapitel: „Kraft".

K wie
KRAFT
Zukunft

Denn es ist doch besser
auf neuen Wegen gelegentlich zu stolpern,
als in alten Pfaden immer auf der Stelle zu treten.
(Chinesische Weisheit)

3

K WIE KRAFT

Sie haben sich ein Ziel gesetzt, haben den ersten Schritt getan und sind dabei, dieses Ziel umzusetzen? Dann brauchen Sie Kraft, um durchzuhalten. Und Kraft schöpfen Sie zum Beispiel aus Motivation.

Fragen Sie sich zwischen den einzelnen Schritten auf dem Weg zum Ziel immer mal wieder nach dem „warum". Warum wollen Sie dieses Ziel erreichen? Was haben Sie davon, wenn es Ihnen gelingt? Welches Gefühl stellt sich ein, wenn Sie sich vorstellen, dass Sie es schaffen? Und was fühlen Sie im Gegensatz dazu, wenn Sie sich vorstellen, dass Sie die Kraft verlieren und aufgeben?

Mit der Frage nach dem „Warum" ergründen Sie zwischendurch immer mal wieder, wie motiviert Sie beim Verfolgen Ihres Zieles noch oder schon sind. Motivation treibt Sie voran. Motivation mobilisiert Kräfte in Ihnen, die Sie für Ihren spannenden Weg brauchen. Nicht immer ist der Weg zum Ziel eben. Manchmal treffen Sie dabei auf Hindernisse, die es Ihnen schwer machen, ein angestrebtes Ziel rasch zu erreichen. – Doch wer behauptet, dass das Beste im Leben immer ganz einfach zu haben wäre?

Schließlich wächst man an den Schwierigkeiten, die man meistert und an den Hindernissen, die man überwindet. – Das ist jedoch nur dann der Fall, wenn Sie das Ziel auch tatsächlich für wert halten und all die Anstrengungen, die sich möglicherweise ergeben, tatsächlich auf sich zu nehmen, um es zu erreichen. Sehr hilfreich ist es, wenn Ihnen klar ist, warum Ihnen das Erreichen Ihres Zieles so wichtig ist. So gesehen hat die Motivation eine ihrer Wurzeln in den Antworten auf dieses „Warum"! Erst wenn Sie definitiv und klar wissen, warum Ihnen das Erreichen dieses Zieles so wichtig ist, werden Sie die Kraft und Ausdauer aufbringen können, es auch tatsächlich zu erreichen.

Als ich mein erstes Triathlonrennen mit einem respektablen, aber nicht überragenden dreizehnten Platz, beendet hatte, war ich davon überzeugt, dass ich genau das gefunden hatte, was mir liegt. Beim Schwimmen war ich zügig unterwegs, und auch das Radfahren lief ganz ordentlich, obwohl ich für diese beiden Disziplinen kaum trainiert hatte. Das Laufen kam zum Schluss – und das machte mich sehr zuversichtlich – denn meinen ersten Marathonlauf hatte ich schließlich in einer Zeit von zwei Stunden, dreiundvierzig Minuten absolviert!

Ich wusste also, dass diese letzte Disziplin, das Laufen, mir lag. Als ich allerdings vom Rad stieg, war es, als würde mir der Boden unter den Beinen wegge-
zogen. Der liebe Gott hatte es mal wieder geschafft, mir eine Grenze aufzuzeigen.
Doch da Grenzen mich immer herausfordern, sie zu überwinden, beschloss ich
noch an diesem Tag, dass ich Triathlon-Profi werden wollte. Ich war zunächst
eine ganze Weile allein mit der Überzeugung, dass ich dies schaffen würde.

Man muss das Unmögliche versuchen, um das Mögliche zu erreichen.
(Hermann Hesse)

Zwei Jahre habe ich gebraucht, ehe ich dieses Ziel tatsächlich erreicht hatte.
Nach diesen zwei Jahren wurde ich Mitglied in der deutschen Nationalmannschaft der Triathleten.
Ich brauchte eine Menge Kraft und Durchhaltevermögen, denn leicht wurde
mir dieser Weg nicht gemacht. Da ich gerade noch mitten in der Umschulung zum Orthopädiemechaniker steckte, sah es finanziell ziemlich eng aus.
Aber vor allem fehlte es mir an Zeit. Zum ersten Mal in meinem Leben musste
ich ein professionelles Zeitmanagement organisieren. Mehr als vierundzwanzig Stunden kann man aus einem Tag nicht herausholen, und für Schlaf muss
man auch einige Stunden einplanen. Also stand ich morgens um fünf Uhr auf
und ging schwimmen. Dann frühstückte ich und fuhr mit dem Rad sieben
Kilometer in die Nachbarstadt zur Arbeit. In der Mittagspause ging ich laufen und fuhr nach Arbeitsschluss wieder mit dem Rad nach Hause - allerdings
auf einigen Umwegen, um meine Trainingskilometer zusammen zu bekommen. Abends vor dem Fernseher, habe ich Gymnastik gemacht. Und im Bett
habe ich dann auch noch für die Schule gelernt. So ging es tagaus, tagein. Bei
Sonnenschein aber auch bei Schnee und Regen. Nichts hielt mich vom Training ab, denn ich war wirklich ganz fest entschlossen Triathlon-Profi zu werden.

Nach zwei Jahren war ich dann soweit. Bei einem Europacup-Rennen, in dem die
besten Triathleten Europas starteten, wurde ich drittbester Deutscher und qualifizierte mich damit für die Nationalmannschaft auf der olympischen Distanz.
Das bedeutet: 1,5 Km Schwimmen, 40 Km Rad fahren und 10 Km Laufen.
Ich kam meinem Ziel, Profi zu werden, immer näher. Mittlerweile arbeitete ich

nur noch halbtags, dadurch fiel es mir leichter, mein Trainingspensum von bis zu vierzig Stunden die Woche regelmäßig zu absolvieren.

Leider musste ich ziemlich rasch feststellen, dass ich bei der olympischen Distanz nie zu den besten der Welt gehören würde. Um auf den kurzen Distanzen ganz vorn mit dabei zu sein, braucht man mehr als nur eine gute Ausdauer. Hier geht es vor allem auch um eine gute Koordination. Die erlangt man allerdings in der Regel nur dann, wenn man schon in jungen Jahren intensiv Sport getrieben hat. Also wechselte ich auf die Langdistanz. Dort spielen Ausdauer, Kraft und Beharrlichkeit eine sehr große Rolle. Langdistanz bedeutet 3,8 Km Schwimmen, 180 Km Rad fahren und zu guter Letzt noch einen Marathonlauf von 42,195 Km. Viele kennen diese Wettbewerbe auch unter dem Namen Ironman. Das berühmteste dieser Rennen wird auf Hawaii ausgetragen. Dort bin ich auch viermal gestartet und konnte einmal den siebten Platz belegen. An einem Ironman teilzunehmen, bedeutet mehr als nur einen sportlichen Wettkampf auszutragen. Um mit der Weltspitze mithalten zu können, muss man sein Training und den gesamten Tagesablauf sehr gut planen. Triathlet ist man 24 Stunden am Tag. Man lebt, isst und schläft im Rhythmus des Triathlons. In einem Wettkampf, in dem man über einen Zeitraum von acht Stunden immer und immer wieder an seine körperlichen und geistigen Grenzen gehen muss, kommt man weitaus öfter als einmal an einen Punkt, an dem man glaubt, es ginge nicht mehr weiter. Deswegen gehört zu den Vorbereitungen auf einen Triathlon nicht nur, dass man sich körperlich fit macht, sondern auch, dass man für sich Strategien entwickelt, wie man sich auch dann wieder motivieren kann weiterzumachen, wenn man glaubt, seine Grenzen längst überschritten zu haben und am Ende zu sein!

Jeder Triathlet hat seine ganz eigene Methode, wie er es immer wieder schafft, sich zu motivieren. Ein gutes Krisenmanagement, die Bereitschaft, Grenzen zu überschreiten und vor allen Dingen eine gute Planung, gehören unbedingt zur Vorbereitung auf einen Ironman-Wettkampf. Das erklärte Ziel für jeden Triathleten ist klar definiert: man will seinen Wettkampf finishen.
Auch die Umsetzung ist sehr klar und eindeutig: Hart und ausdauernd trainieren, um fit zu werden. Als erfahrener Triathlet weiß man, wie man trainieren muss, ansonsten schließt man sich einem Verein an. Oder man hat einen Trainer, der einem zur Seite steht. Doch das harte und zeitaufwändige Training durchzuhalten, kostet sehr viel Energie.

Drei Monate benötige ich im Regelfall für eine intensive Vorbereitung auf ein Ironman-Rennen.

Das klingt zunächst nach einem recht überschaubaren Zeitraum, aber wenn man drei Monate auf höchstem Niveau trainieren will, muss man eine sehr gute Strategie ausarbeiten, um die Spannung über diesen Zeitraum auch tatsächlich zu halten, um die Kraft zum Durchhalten nicht zu verlieren.

Wenn Sie sich ein Ziel setzen, sollten Sie sich auch einen realistischen Zeitraum überlegen, in dem Sie dieses Ziel erreicht haben wollen. Mit einer solchen Zeitvorgabe setzen Sie sich natürlich auch in gewisser Weise unter Druck – was aber nicht immer unbedingt negativ sein muss. Sie wissen nun, wann Sie an Ihrem Ziel sein wollen. Jetzt geht es darum, diesen Zeitraum so einzuteilen, dass die einzelnen Wegstrecken für Sie auch zu bewältigen sind.

Ich fange so an, dass ich mir meine Vorbereitung zu einem Ironman-Rennen immer in drei Zielabschnitte einteile. Ich formuliere für mich:

kurzfristige Ziele
mittelfristige Ziele
langfristige Ziele

Doch bevor ich mit der Vorbereitung beginne, schreibe ich mir das Datum des Wettkampfes auf ein großes Blatt Papier und hänge es in meiner Toilette auf. Gewissermaßen als Mahnung. Und wenn ich mal wieder keine Lust habe, zu trainieren und mich hängen lasse, bekomme ich spätestens, wenn ich den Datumszettel auf meiner Toilette lese, ein schlechtes Gewissen und reiße mich zusammen.

Kurzfristige Ziele sind solche Ziele, die ich zum Beispiel innerhalb einer Woche erreichen kann. Das wäre in Bezug auf eine Triathlon-Vorbereitung zum Beispiel ein bestimmter Trainingsrhythmus: Drei Tage Training, und dann gönne ich mir einen Ruhetag. Wenn es mir an einem dieser drei Tage schwer fällt, zu trainieren, freue ich mich auf meinen Ruhetag. An diesem Ruhetag mache ich das, was mir Spaß macht. Ich unternehme mit meiner Familie einen Ausflug, oder ich faulenze, ohne ein schlechtes Gewissen dabei zu haben. Schließlich habe ich ja mein kurzfristiges Ziel erreicht. Und jetzt kann ich auch die dafür ausgesetzte Belohnung genießen. Belohnungen sind wichtig, denn sie motivieren.

Mittelfristige Ziele umspannen einen längeren Zeitraum. Sinnvoll ist etwa ein Monat. In meinem Vorbereitungspensum trainiere ich etwa drei Wochen nach diesem Rhythmus: drei Tage Training – ein Tag Ruhe. Nach drei Wochen Training gönne ich mir eine ganze Woche Ruhe. Während dieser Ruhewoche kann ich mit meiner Familie zum Beispiel einen richtigen, kleinen Kurzurlaub planen. Wir können z.B. Wochenende nach Holland ans Meer fahren. Das Prinzip Belohnung funktioniert aber auch hier erst nach erbrachter Leistung.

Das langfristige Ziel ist das große Ziel, das ganz am Ende steht. – In meinem Beispiel ist es das Ironman-Rennen. Wenn man das Ziel, auf das man mit vielen kleinen Schritten (den kurzfristigen Zielen) und einigen größeren Etappen (den mittelfristigen Zielen) hingearbeitet hat, tatsächlich erreicht hat, ist das eigentlich schon die größte Belohnung überhaupt und man hat allen Grund, sehr stolz auf sich zu sein!

Der Tag des Rennens ist jedes Mal wieder eine aufregende Sache! Drei Monate habe ich mich darauf vorbereitet. Ich gehe mit einem positiven Gefühl in das Rennen, da ich ja weiß, dass ich alles getan habe, um ein gutes Ergebnis zu erzielen. Im Rennen selbst gibt es natürlich auch immer wieder Höhen und Tiefen, aber im Grunde genommen, ist es ja genau das, worauf ich mich vorbereitet habe. Und ich freue mich jedes Mal darauf zu zeigen, was mein Training mir ermöglicht. Zu zeigen, was ich leisten kann!

Nach dem Rennen habe ich einen Monat Pause. Klar, nach einem gewonnenen Rennen freue ich mich mehr über die Pause, als nach einer mäßigen Platzierung, mit der ich nicht zufrieden bin. Aber genau die Kraft, die mir vielleicht gefehlt hat, um einen Sieg zu erringen, brauche ich dann, um eine Niederlage zu verkraften. Auch deshalb ist eine Trainingspause nach dem Rennen so wichtig zum Regenerieren und Kraft zu schöpfen.

Aber in beiden Fällen – ob ich nun gesiegt habe oder mit einer Platzierung unzufrieden bin – irgendwann im Laufe meines Ruhemonats stellt sich immer und unweigerlich dieses wunderbare Gefühl einer absoluten inneren Zufriedenheit ein. Schließlich habe ich etwas zu Ende gebracht, das ich mir vorgenommen hatte und auf das ich lange hin gearbeitet habe. Ein Teil der Zufriedenheit resultiert vielleicht auch daraus, dass ich mir in der Zukunft nicht die Frage stellen muss, was wäre gewesen, wenn ich versucht hätte, dieses Rennen zu laufen? Denn ich bin es ja gelaufen, ich habe die Chance genutzt.

Nach dem gleichen Prinzip können Sie für sich selbst auch alle Ihre Ziele angehen und vorbereiten. Ganz gleich, was es ist.

Wie viele Menschen nehmen sich immer und immer wieder zum Ziel: abnehmen? Doch dann geben sie oft rasch wieder auf. Und mit jedem Mal, bei dem man abbricht und aufgibt, wird es schwieriger sich erneut für das Ziel, das man so oft schon nicht erreichen konnte, zu motivieren. Das ist genau wie im Sport: wenn man einmal ein Rennen vorzeitig abgebrochen hat, ist die Hemmschwelle, beim nächsten Rennen wieder anzutreten, einfach sehr viel höher. Deshalb heißt es beim Triathlon, es geht vor allem ums Finishen, also darum, das Rennen zu beenden.

Doch die Frage bleibt: Warum brechen so viele Menschen ihren Versuch, Gewicht zu reduzieren, ab? Warum werden Menschen, die mit dem Rauchen aufhören wollen, rückfällig? Warum halten so viele Menschen ihre „guten Vorsätze" nicht durch?

Ich kenne viele Menschen, die sich vorgenommen haben, abzunehmen und es auch tatsächlich über einen längeren Zeitraum geschafft haben. Sie erzählen, dass sie sich nur noch gesund ernähren: Knäckebrot, Müslis und Wasser stehen nun auf dem Ernährungsplan. Sie erzählen, was sie jetzt alles nicht mehr tun und sind sehr stolz darauf, wenn sie es schaffen, an der Pommesbude vorbeizugehen, ohne Pommes rot/weiß mit Currywurst zu essen.

Was ich bei diesen Schilderungen vermisse, ist das Positive. Die Leidenschaft dafür, warum sie das nicht mehr tun, worauf sie verzichten. Die Begeisterung für das, was sie durch das Abnehmen gewinnen.

Wenn man versucht, mit einer schlechten Angewohnheit aufzuhören, ohne sie

durch etwas zu ersetzen, das ein positives – also ein besseres – Lebensgefühl vermittelt, ist die Gefahr sehr groß, dass man über kurz oder lang in die alten Gewohnheiten zurückfällt. Das bedeutet: Wenn Sie abnehmen wollen, denken Sie nicht daran, was sie nicht mehr essen dürfen, sondern fangen Sie an, das zu genießen, was Sie bisher nicht auf dem Speiseplan hatten.

Genießen Sie es, dass Sie sich nach einer Salatmahlzeit nicht voll gestopft und träge fühlen. Dieser Gedanke ist positiv, motiviert und bringt Sie ihrem Ziel deshalb näher als das Bedauern darüber, dass Sie keinen Hamburger essen dürfen. Bestimmt werden Sie schnell feststellen, dass Sie eine Leidenschaft dafür entwickeln, sich mit Ihrer Ernährung – und dadurch auch mit Ihrem Körper – anders und wahrscheinlich intensiver auseinander zu setzen.

Wenn Sie es schaffen, Ihre Ziele und Ihre neuen Verhaltensmuster mit Spaß und Leidenschaft zu verbinden, haben Sie eigentlich schon so gut wie gewonnen.

Formulieren Sie realistische und erreichbare Zielvorgaben. Teilen Sie sich den Weg bis zum Ziel in Abschnitte ein. Setzen Sie sich „Zwischenziele". Nehmen sie sich nicht allzu große Schritte vor. Wenn Sie von Anfang an sagen, ich will zehn Kilo abnehmen, dann haben Sie zwar ein Ziel formuliert, aber der Weg bis dahin ist lang. Wenn Sie hingegen ganz genau und in Einzelheiten planen und aufschreiben, wie Sie es erreichen möchten, diese zehn Kilo zu verlieren, dann erkennen Sie zwischendurch auch ganz klar die Teilziele. Teilziele zu erreichen macht stolz. Über einen erzielten (Teil-)Erfolg stolz zu sein motiviert. Wer motiviert ist, hält länger durch.

Angenommen, Sie möchten zehn Kilo abnehmen. Schreiben Sie sich das auf. Verlangen Sie nicht zu viel auf einmal von sich. Setzen Sie sich einen realistischen Termin, wann Sie dieses Ziel erreicht haben wollen. Hängen Sie sich das Datum an verschiedenen Orten Ihrer Wohnung auf.

Unterteilen Sie die zehn Kilo und den angestrebten Zeitraum in mehrere kurzfristige, einige mittelfristige Ziele und das langfristige Ziel am Ende.

Das könnte zum Beispiel folgendermaßen aussehen: Kurzfristig ist es durchaus realistisch, mit etwas mehr Bewegung und einer bewussten Ernährung, in der ersten Woche etwa 300 Gramm Körpergewicht zu verlieren. – Schreiben Sie sich das auf. Das könnte das erste Ihrer kurzfristigen Ziele sein.

Betrachten Sie Essen und Bewegung als festen Teil Ihres Tagesablaufes. Am leichtesten fallen uns immer die Punkte, die wir gar nicht mehr in Frage stellen, weil sie zur täglichen Routine gehören. Nach drei bis vier Wochen sollten Sie das erste Kilo Körpergewicht verloren haben. Auch dies schreiben Sie sich auf. Jetzt haben Sie auch das zweite Ihrer kurzfristigen Ziele erreicht.

Sie haben erstens schon vier Wochen durchgehalten. Zweitens schon ein Kilo abgenommen. Drittens sind Sie durch die Umstellung Ihrer Ernährung und Ihrer Bewegungsgewohnheiten sicherlich auch auf dem besten Weg, ein völlig neues Körpergefühl zu entdecken. – Drei gute Gründe, stolz zu sein!

Ihr mittelfristiges Ziel sollte es sein, innerhalb von drei Monaten drei Kilogramm Körpergewicht zu verlieren. Jetzt werden Sie vielleicht einwenden, dass man doch viel mehr in viel kürzerer Zeit schaffen kann. Klar geht es auch schneller. Aber gerade dann, wenn man etwas ganz schnell erreichen will, setzt einen dies so unter Druck, dass man auch ganz schnell die Lust verliert, durchzuhalten. Meiner Erfahrung nach ist es vor allem beim Abnehmen sehr häufig so.

Ich glaube, dass die Ungeduld, mit der man seinem Ziele zueilt,
die Klippe ist, an der gerade oft die besten Menschen scheitern
(Friedrich Hölderlin)

Nach den ersten drei Kilogramm Körpergewicht sollten Sie sich belohnen. Vielleicht kaufen Sie sich eine neue Hose oder ein neues Oberteil, eine Kleidergröße kleiner? Wenn Sie auf diese Weise nach etwa einem Jahr die angestrebten zehn Kilo verloren haben, werden Sie feststellen, dass Sie zwar einiges an Willensstärke aufbringen mussten, aber Sie können sehr stolz darauf sein, dass Sie erreicht haben, was Sie sich vorgenommen hatten.

Ihr Leben wird sich durch diese Zeit sicherlich in vielerlei Hinsicht verändern: Sie werden mehr an der frischen Luft sein, Sie werden das Essen mehr genießen können – und Sie werden ganz andere Kleider tragen können.

Oder vielleicht geht es Ihnen gar nicht ums Abnehmen, sondern darum, etwas mehr Sport zu treiben? Auch das funktioniert nach diesem Prinzip der kurz-, mittel- und langfristigen Ziele. Gehen Sie in der ersten Woche jeweils dienstags und freitags 30 Minuten walken. Denken Sie an die vielen schönen Erlebnisse, die Ihnen 30 Minuten in der Natur bringen können. Genießen Sie die frische Luft und das Gefühl, Ihren Körper in Bewegung zu spüren. Nach einem

Monat gehen Sie montags und freitags 40 Minuten walken und am Mittwoch zusätzlich 20 Minuten ganz locker joggen. Nach drei Monaten gehen Sie montags und freitags 25 Minuten joggen und mittwochs 45 Minuten walken. Nach einem halben Jahr gehen Sie an drei Tagen in der Woche 30 Minuten joggen. – Und Sie werden sehen, nach einem Jahr sind Sie fit genug, um mit Spaß an einem Volkslauf teilzunehmen.

Wir Menschen sind oft viel zu ungeduldig und scheitern häufig an unseren eigenen überzogenen Erwartungen. Wir haben nur eine begrenzte Kraft zur Verfügung, die wir uns sehr gut einteilen müssen. Stecken wir unsere Erwartungen zu hoch, ist der Kraftaufwand zu groß. Dann wird es so anstrengend, dass der Spaß am Verfolgen eines Zieles völlig auf der Strecke bleibt. Aber ohne Freude ist es schwer, sich zu motivieren und die Gefahr groß, dass man schnell aufgibt.

Der Langsamste, der sein Ziel nicht aus den Augen verliert,
geht noch immer geschwinder, als jener, der ohne Ziel umher irrt.
(Gotthold Ephraim Lessing)

Der Inhalt des Zieles, das Sie sich setzen, ist natürlich beliebig – das muss weder Abnehmen noch mehr Sport sein. Wichtig ist es, dass Sie eine Leidenschaft für das entwickeln, was Sie gewinnen, erreichen oder verändern möchten. Wenn Ihnen dies gelingt, werden Sie auch bis zum langfristigen Ziel, das Sie sich stecken, durchhalten! Dann wird die Gefahr, dass Sie in Ihre alten Verhaltensmuster zurückfallen, kleiner.
Wenn Sie es schaffen, die neuen Verhaltensweisen und Veränderungen positiv zu besetzen, kann es gut sein, dass Sie auf dem Weg zu Ihren Zielvorgaben zusätzlich noch eine völlig veränderte Lebenseinstellung gewinnen.

Sie haben sich ein Ziel gesetzt, sind dabei, es umzusetzen und haben auch die Kraft, um das Ziel zu erreichen. Trotzdem fällt es Ihnen oft schwer, durchzuhalten. Woran kann das liegen? Wir Menschen sind soziale Wesen.
Wir brauchen den Zuspruch und die Unterstützung anderer Menschen. Vorzugsweise natürlich der Menschen, mit denen uns etwas verbindet. Mehr dazu möchte ich in meinem nächsten Kapitel „Unterstützung" erläutern.

U *wie*
UNTERSTÜTZUNG

Zukunft

Keine Straße ist lang
mit einem Freund an deiner Seite.

(Japanische Weisheit)

4

U WIE UNTERSTÜTZUNG

Es ist nicht immer leicht zu gewichten, was uns wirklich wichtig ist im Leben. Ein kleines Gedankenspiel kann uns vielleicht dabei helfen: an was werden wir uns wohl erinnern, wenn wir unser Leben noch einmal Revue passieren lassen? Worüber waren wir glücklich? Was hat unser Leben letztendlich ausgemacht? Den allerwenigsten von uns wird an dieser Stelle wahrscheinlich Reichtum und Besitz einfallen. Einige wenige werden vielleicht berufliche oder sportliche Erfolge als wichtige Punkte anführen.

Aber für die meisten von uns sind es sicherlich die Beziehungen zu anderen Menschen, die die Eckpunkte in unserem Leben markieren. Es sind die Menschen, an die wir uns erinnern werden. An die Menschen, die uns nahe standen, die Menschen, die wir geliebt haben. Die Menschen, die uns in wichtigen Situationen unterstützt und begleitet haben. Menschen, die uns aufgefangen haben, wenn es uns einmal nicht gut ging. Menschen, die uns die Kraft gaben, auch schwere Zeiten zu überstehen. Die Menschen, die unser Leben bereichert haben. Menschen, die uns glücklich gemacht haben. Und die Menschen, die wir glücklich machen konnten.

Ich hatte und habe die Unterstützung meiner Frau, meiner Tochter, meines Sohnes und einiger Freunde. Ohne sie wäre ich heute nicht da, wo ich bin. Während und nach meiner Therapie waren die Menschen, die an mich geglaubt haben und die mir die Chance gaben, ein neues Leben zu beginnen, natürlich ganz besonders wichtig für mich. Denn diese Therapie stellt einen ganz entscheidenden Wende- und Angelpunkt in meinem Leben dar.

Vor meiner Therapie habe ich weitgehend versucht, selbst zurechtzukommen und alleine mit allem fertig zu werden. Vor allem in den Situationen, in denen es mir nicht gut ging, habe ich mich meistens einfach zurückgezogen und abgewartet, bis es wieder besser wurde.

Ich habe selten ergründet, wieso es mir nicht gut ging. Ich habe mir selten Hilfe und Unterstützung geholt, und ich habe auch so gut wie nie mit jemandem über meine Schwierigkeiten und Gefühle geredet. Ich kannte es gar nicht anders. So wurde es mir vorgelebt und ich fürchte, dass sehr viele Menschen auch genau so mit schwierigen Situationen umgehen. Doch wenn man nicht über seine Situation, seine Schwierigkeiten und Ängste reden kann, wenn man sie nicht in Worte fassen und anderen Menschen mitteilen kann, ist es natürlich

auch schwierig, andere um Hilfe zu bitten. Dann passiert es schnell, dass man in Situationen, in denen es einem schlecht geht und man die Hilfe anderer benötigt, allein dasteht.

Betrachten Sie sich bitte das Bild auf der folgenden Seite: Diese Scheune würde den nächsten Sturm wahrscheinlich nicht überstehen, wenn sie nicht von den Bäumen davor geschützt würde. Diese Bäume haben viele, lange Jahre gebraucht, ehe sie so groß und stark wurden, ehe sie einen Schutz für diese Scheune darstellen konnten. Ebenso geht es mit Beziehungen und Freundschaften.

Natürlich trifft man immer wieder einmal Menschen, zu denen man sich sehr rasch hingezogen fühlt. **Aber tiefe Freundschaften, die auch Belastungsproben überstehen, brauchen immer Zeit. Auch sie wachsen langsam.**

Ich kenne sehr, sehr viele Menschen. Aber darunter sind nicht viele, von denen ich weiß, dass sie auch dann – ohne viel zu fragen – für mich da sind, wenn ich ihre Hilfe brauche. Man kann nicht erwarten, dass andere Menschen für einen da sind, wenn es einem schlecht geht.

Hilfe und Unterstützung bei anderen zu finden, ist immer ein Geschenk.

Aber man kann natürlich einiges dafür tun, um die Voraussetzungen zu schaffen, dass Freundschaften und Beziehungen wachsen, die so groß und stark sind, wie diese Bäume.

Wahre Freundschaft funktioniert natürlich nicht nach dem Prinzip von Geben und Nehmen. Aber nur dann, wenn man selbst bereit ist, für andere da zu sein, nur wenn es einem selbst aufrichtig am Herzen liegt, wie es anderen geht, nur wenn man selbst ein ehrliches Interesse an seinem Gegenüber hat, können vertrauensvolle und rückhaltlose Beziehungen und Freundschaften überhaupt erst wachsen.

Manches ist in der täglichen Kommunikation natürlich auch zu einer Floskel geworden. Wenn man auf der Straße jemanden trifft und ihn mit: „Na, wie geht's?", begrüßt, erwartet man in der Regel gar keine andere Antwort als ein unbestimmtes, optimistisches: „Danke, gut!".

Heutzutage gibt es so viel mehr Möglichkeiten, miteinander in Kontakt zu treten, als früher: Mit dem Handy ist heutzutage fast jeder überall und immer erreichbar. E-Mails und SMS sind wesentlich schneller als die Briefpost, und Chatrooms und Internetforen bieten ganz neue Möglichkeiten, mit anderen Menschen in Kontakt zu treten. Aber welche Qualität haben diese Kontakte? Meistens sind sie zwar schnell geknüpft, bleiben aber recht oberflächlich.
Wie oft sieht man eine solche Szene: Mehrere Menschen sitzen zwar beieinander – aber sie treten nicht in Kontakt zueinander, weil jeder ins „Simsen" mit seinem Handy vertieft ist. Auf diese Weise ist man oft in Gesellschaft einsam.

Man muss seine Gefühle zeigen, damit andere darauf reagieren können. Aber dies fällt sehr vielen Menschen schwer. Seine Gefühle zu zeigen und auszudrükken, muss man ebenso lernen, wie sich mit Worten verständlich zu machen. Trauer und Freude, Hilflosigkeit und Mitleid, Wut und Verzweiflung ebenso wie Glück und Fröhlichkeit, sind Gefühle, die man zeigen muss, damit das Gegenüber die Bedürfnisse spürt und darauf reagieren kann.

Ich habe es als Kind nicht geschafft, meinem Bedürfnis nach Liebe und Zuneigung Ausdruck zu verleihen. Ich war immer der lustige Junge, über den alle gelacht haben. Doch tief im Innern war ich oft einsam und traurig. Aber warum sollte man jemanden in den Arm nehmen und trösten, der lachend durch die Welt läuft? Ich konnte meine Gefühle und Bedürfnisse nicht zeigen, ich hatte nicht gelernt, sie zu artikulieren und darüber zu sprechen. Dadurch habe ich mich von anderen isoliert. Sie kamen nicht an mich heran, und ich fühlte mich unverstanden und allein, weil niemand gemerkt hat, was mir fehlt und wonach ich mich sehne.
In meiner Therapie habe ich nach und nach gelernt, wie gut es mir tut, meine Gefühle zu zeigen. Wahrscheinlich wird es mir nach wie vor immer ein bisschen schwerer fallen als manch anderem, Gefühle zu zeigen und darüber zu sprechen. Aber mir ist heute klar, wenn ich es schaffe, mit mir und meinen Gefühlen ehrlich und offen umzugehen, anstatt sie wegzuschließen, weiß auch mein Gegenüber, wie es mir geht und kann darauf reagieren.

Erst durch meine eigene kleine Familie habe ich erfahren, was alles möglich ist, wenn man Halt und Unterstützung hat.

Manchmal hilft es schon, wenn man einfach nur jemandem erzählen kann, der teilnahmsvoll zuhört, was gerade nicht glatt läuft – ohne dass der andere überhaupt etwas tun muss. Manchmal reicht es schon, zu wissen, dass man nicht alleine ist. Dass man mit Schwierigkeiten oder auch einfach nur mit kleineren Durchhängern nicht alleine da steht.

Auch hier möchte ich ein kleines Beispiel aus dem Sport erzählen.

Nachdem ich 3,8 Km geschwommen und 180 Km Rad gefahren bin, habe ich keine Lust mehr, noch einen Marathon von 42,195 Km dran zu hängen. – Vor allem dann nicht, wenn – wie das bei mir immer der Fall ist – schon beim einhundertvierzigsten Kilometer auf dem Rad die ersten Muskelverhärtungen anfangen. Dann bin ich moralisch oft an einen Punkt angekommen, an dem ich mich frage, warum ich mir das eigentlich überhaupt zumute.

Da ich erst im Alter von sechsundzwanzig Jahren wieder mit dem Sport begonnen habe, ist es mir in der Zeit, als ich mit der Nationalmannschaft trainiert habe, oft passiert, dass die anderen Athleten im Training weitaus stärker waren als ich. Im Wettkampf sah es dann aber seltsamerweise oft anders aus.

Wenn man nach dem Rad fahren anfängt zu laufen, ist es auch hier ungeheuer wichtig, sich bei der Marathonstrecke Teilziele zu setzen: Zunächst kurzfristige Ziele – denn meine Motivation würde versagen, wenn ich mir von Anfang vorstellen müsste, dass ich jetzt noch 42,195 Kilometer vor mir habe.

Nach Schwimmen und Rad fahren hat mein Körper eigentlich längst genug. Er ist ausgepowert, meine Muskeln schmerzen, und auch meine Psyche ist an diesem Punkt meistens nicht mehr sehr stabil.

Vom ersten Kilometer an rette ich mich von Verpflegungsstelle zu Verpflegungsstelle. Die sind in der Regel immer 1,5 Kilometer auseinander. Für sehr viel mehr als diese anderthalb Kilometer würde meine Motivation in diesem Moment gar nicht mehr reichen.

Das Bild auf der nächsten Seite zeigt mich etwa bei Kilometer 5 eines Ironman-Rennens. Ich glaube, man kann darauf deutlich erkennen, dass ich hier absolut am Limit bin.

Aber, wie schon erwähnt, im Wettkampf konnte ich häufig über mich hinaus wachsen. Der Gedanke an meine Familie hat mir die Kraft gegeben, meine

Schmerzen und vor allem meinem inneren Schweinehund nicht nachzugeben. Meine besten Wettkämpfe habe ich auch immer dann absolviert, wenn mich meine Familie begleitet hat.

Hawaii war für mich immer das Rennen, in dem ich die größten Schwierig-keiten hatte. Die Hitze, aber vor allem die weite Entfernung von meiner Fa-milie, bereitete mir immer große Probleme.
Bei meinem ersten Start auf Hawaii belegte ich den siebzehnten Platz. Beim zweiten Mal den vierzehnten. Sabine hatte immer Angst vor dem langen Flug. Erst bei meinem dritten Start auf Hawaii, als meine Tochter Jana mich begleite-te, erreichte ich die für mich bislang beste Platzierung dort: einen siebten Platz.

Das letzte Foto zeigt mich – wie schon erwähnt – bei Kilometer 5 eines Iron-man-Rennens. Nun könnte man annehmen, dass man nach einer gewissen Zeit ins Rennen kommt, und dass das Laufen dann nicht mehr ganz so weh tut. Hoffen tun das wohl alle Athleten, aber eingetreten ist es bei mir leider noch nie. Wir „Ironmen" sprechen auch häufig davon, dass dieser letzte Teil des Wettkampfes eher ein Kampf ums Überleben ist als ein Marathonlauf.

Dieses Bild ist bei Kilometer 38 der Marathon-Etappe eines Ironman-Rennens aufgenommen. So wirklich entspannt sehe ich darauf nicht mehr aus, oder? Doch nach jedem Kampf, nach jeder Überwindung kommt auch irgendwann der verdiente Lohn, für die Arbeit, die man geleistet hat. Gerade bei einem Ironman-Rennen ist es erstaunlich, dass Menschen, die bei Kilometer 38 noch eher tot als lebendig aussahen, im Ziel auf einmal Freudensprünge machen können und wirken, als ob sie gerade erst losgelaufen wären.

Im Zielbereich kann man die unglaublichsten Szenen beobachten: Zum Beispiel einen Athleten, der voller Übermut auf den Händen über die Ziellinie läuft. Oder einen anderen, der seine zwei kleinen Kinder rechts und links auf dem Arm über die Ziellinie trägt.

Genau das ist es, was es ausmacht. Ohne die emotionale Unterstützung meiner Familie wäre eine solche Leistung wie ein Triathlon-Wettkampf für mich unvorstellbar.

Das war jetzt ein Beispiel dafür, was für mich in meinem Bereich Unterstützung bedeutet hat. Oft werde ich angesprochen und gefragt: „Wie schaffst du es nur durchzuhalten?"

Wie oft erzählt mir jemand, dass sie oder er auch irgendwann mal angefangen habe zu joggen – und irgendwann recht bald wieder aufgehört hat.

Am Anfang ist man stolz, seinen Vorsatz, endlich regelmäßig zu laufen, tatsächlich umgesetzt zu haben. Vielleicht im Frühling, dann zwitschern die Vögel, und die Bäume sprießen helle Blätter. Die ganze Natur fängt neu an und ist in einer Art (jährlicher) Aufbruchstimmung – ebenso wie man selbst.

Man ist sehr motiviert und hält tatsächlich ohne weiteres drei Wochen durch. Die ersten Muskelkater sind überstanden, und das Laufen ist auf einmal nicht nur anstrengend, sondern fängt an, Spaß zu machen.

Dann ist es eines Morgens auf einmal kalt und regnet in Strömen. Sie machen die Haustür wieder zu und sagen sich: „Na gut, heute nicht. Morgen ist es bestimmt wieder trocken!". Aber der Wettergott meint es nicht gut mit Ihnen, denn das Tief „Gutwetterläufer" hält sich drei lange Wochen. Und während Sie auf besseres Wetter warten, wird Ihre Lust, endlich wieder laufen zu gehen, immer kleiner. Wenn dann eines Tages tatsächlich die Sonne wieder scheint, ist ihre Motivation gleich Null.

Ganz anders ist die Situation, wenn man gemeinsam mit Freunden mit dem Lauftraining anfängt. Sie treffen sich regelmäßig zum Laufen. Angenommen, auch hier käme das Tief „Gutwetterläufer" mit Regen und Kälte. In diesem Fall können Sie morgens aber nicht einfach die Haustür wieder zu machen und hoffen, dass das Wetter gelegentlich besser wird, denn Ihre Freunde warten am verabredeten Treffpunkt.

Also überwinden Sie sich. Sie laufen gemeinsam los, werden nass und stellen fest, dass es ein prima Gefühl ist, trotz des schlechten Wetters losgelaufen zu sein. Nach dem Laufen gestehen Sie ihren Freunden vielleicht, dass Sie eigentlich darauf gehofft hatten, dass einer Ihrer Freunde wegen des schlechten Wetters absagt. Ihre Freunde entgegnen Ihnen dann wahrscheinlich lachend, dass sie genau das gleiche umgekehrt von Ihnen gehofft hatten – nämlich dass Sie absagen! Das ist ein weiteres Beispiel dafür, wie wichtig es sein kann, dass man sich zum Erreichen mancher Ziele die Unterstützung und Begleitung von anderen Menschen sichert.

Auf diese Weise kann man oft schon im Vorfeld Stolperfallen vermeiden.

An dem nächsten regnerischen Morgen werden Sie dann eventuell sogar alleine laufen gehen, weil Sie sich daran erinnern, was für ein gutes Gefühl es war, trotz des schlechten Wetters nicht aufgegeben zu haben.

Diese Beispiele lassen sich natürlich auch auf alle beliebigen anderen Lebensbereiche übertragen. Es hilft uns immer und bei allem, was wir uns vornehmen, wenn wir Unterstützung haben. Manchmal sind andere Menschen für uns da. Und manchmal sind wir auch umgekehrt für andere da.

Es wird in Ihrem Bekanntenkreis immer wieder jemanden geben, der mit dem Rauchen aufhören will. – Sie haben es vielleicht schon geschafft? Dann können Sie ihm oder ihr bestens mit Tipps und Ansporn unterstützend zur Seite stehen!

Es wird in ihrem Arbeitsumfeld immer wieder jemanden geben, der sich weiterentwickeln möchte, vielleicht gerne eine Abendschule besuchen würde, es aber allein nicht schafft. Vielleicht haben auch Sie den gleichen Wunsch und trauen es sich auch alleine nicht zu. Dann tun Sie sich doch zusammen!

Es wird in ihrem Freundeskreis immer jemanden geben, der vielleicht gerne etwas weniger auf die Waage bringen möchte. Auch Abnehmen fällt gemeinsam leichter – das ist beispielsweise eine Komponente im Erfolgskonzept der Weight-Watchers!

Auch im Schulbereich wird es immer jemanden geben, der nachmittags gerne etwas lernen möchte, aber sich alleine nicht motivieren kann. Die Reihe solcher Szenarien lässt sich beliebig fortsetzen. Man muss nur Interesse an seinen Mitmenschen haben – und man muss miteinander reden.

Erzählen Sie von Ihren Wünschen und Träumen. Sie werden überrascht sein, wie viele Gleichgesinnte es gibt. – Und wie viel mehr Spaß es macht, zusammen ein gemeinsames Ziel zu verfolgen.

Und mit gegenseitiger Unterstützung steigt gleichzeitig auch die Chance, das Ziel schneller und leichter erfolgreich zu erreichen.

Ein weiterer sehr wichtiger Punkt im Zusammenhang mit Unterstützung ist für mich der Glaube. Der Glaube an Gott.

Früher habe ich mir keinerlei Gedanken über meinen Glauben gemacht. Heute weiß ich, dass ich nicht immer mit der Unterstützung anderer Menschen rechnen kann. Es gibt immer wieder einmal Zeiten, in denen man sich allein fühlt und Angst vor der Zukunft hat. Es gibt Zeiten, in denen man nicht weiß, wo man hin gehört. In diesen Zeiten kann ich Kraft aus meinem Glauben schöpfen. Aber auch dann, wenn es mir gut geht, unterstützt mich der Glaube an Gott darin, ihm zu vertrauen, aber auch darin, das Vertrauen in mich selbst nicht zu verlieren.

N *wie*
NACHHALTIGKEIT

Der höchste Lohn
für unsere Bemühungen ist nicht das,
was wir dafür bekommen,
sondern das, was wir dadurch werden.

(John Ruskin)

5

N WIE NACHHALTIGKEIT

Den Begriff der Nachhaltigkeit gibt es schon lange. Ursprünglich kommt er aus dem Bereich der Forstwirtschaft, aber er hat seitdem eine kontinuierliche Bedeutungserweiterung erfahren und beschreibt auch ganz wunderbar einen wichtigen Aspekt in meinem „Prinzip ZUKUNFT".

Doch gerade weil der Begriff Nachhaltigkeit so oft und in so vielen unterschiedlichen Bereichen verwendet wird, will ich kurz beschreiben und definieren, was genau ich in diesem Zusammenhang damit meine.

Bei Nachhaltigkeit geht es immer auch um einen verantwortungsbewussten Umgang mit den zur Verfügung stehenden Ressourcen. Es geht um Lebensqualität, um Respekt vor sich und anderen und um Maß halten.

In Bezug auf uns Menschen bedeutet das zum einen, dass wir die Möglichkeiten, die in uns stecken entdecken, ausbauen und nutzen: bekennen wir uns zu unseren Träumen – das sind unsere Möglichkeiten. Setzen wir sie schließlich in die Tat um, dann nutzen wie diese Möglichkeiten optimal!

Zum anderen bedeutet Nachhaltigkeit, dass wir keinen Raubbau mit dem treiben, was uns zur Verfügung steht, sondern dass wir verantwortungsbewusst, respektvoll und maßvoll damit umgehen.

Es fängt bei den meisten von uns schon morgens damit an, wie wir uns für den Tag vorbereiten. Aufstehen, ins Bad, waschen und Zähne putzen, anziehen. Wie viel Zeit nehmen wir uns dafür? Zum Beispiel für unsere Zähne: Je wichtiger und ernsthafter wir das Zähneputzen nehmen, desto länger bleiben wir von Karies verschont. Es geht um Nachhaltigkeit.

Denn: Die ersten Zähne schenkt uns der liebe Gott. Die zweiten auch. Die dritten müssen wir dann selbst bezahlen.

Also, gehen wir verantwortungsbewusst mit unseren Ressourcen um. Pflegen wir die Zähne und unseren Körper. Denn genau wie wir nur ein Leben haben, haben wir auch nur diesen einen Körper.

Das Bild des menschlichen Körpers als Maschine, bei der man verschleißte Teile einfach ersetzt, funktioniert erstens nicht und ist zweitens auch längst überholt.

Der Mensch ist weit mehr als die Summe seiner Teile. Alles greift ineinander. Wenn man sich in seinem Körper wohl fühlt, wird man auch in allen anderen Lebensbereichen zufriedener, selbstbewusster und erfolgreicher sein können.

Zu einem nachhaltigen Leben und Lebensqualität gehört für mich auch ganz unbedingt das Frühstück!

Um einige prägnante Schlagworte voran zu stellen: Unsere Nahrungsmittel sind unsere Heilmittel. Oder: Man ist, was man isst!

Unser Körper reagiert langfristig darauf, was wir ihm zuführen – und auch wie wir es zu uns nehmen, spielt dabei eine Rolle.

Die meisten Menschen – ich eingeschlossen – stehen andauernd unter Druck. Wir haben Stress und ständig das Gefühl, wir müssten Zeit sparen. Das tun wir an allen Ecken und Enden: beim Zähne putzen, beim Essen … Um Zeit beim Kochen zu sparen, essen wir Fertiggerichte. Anstatt uns zu den Mahlzeiten hinzusetzen und sie als bewusste Pause zu gestalten, schlingen wir viel zu oft zwischendurch und im Stehen etwas in uns hinein. Wer nimmt sich heutzutage noch Zeit, ausgiebig zu frühstücken?

Wenn ich bei meinen Schulvorträgen die Schüler frage, wer von ihnen schon gefrühstückt hat, gehen nur sehr wenige Hände in die Höhe.

Dass ein gesundes Frühstück eine wichtige Voraussetzung für Konzentration, Leistungsfähigkeit und Wohlbefinden ist, wissen wir – aber warum machen wir es dann nicht?

Keine Zeit, ist hier häufig die Antwort. Da kann ich nur raten: „Dann steht doch eine halbe Stunde früher auf!" Es lohnt sich.

Versuchen Sie es, und Sie werden feststellen, dass sich vieles verändern wird, abgesehen davon, dass der Magen auf dem Weg zur Arbeit oder in die Schule nicht mehr knurrt. Auch die Familie rückt enger zusammen, man spricht wieder mehr miteinander, erfährt mehr voneinander ...

Allein dadurch geht man schon um so vieles gestärkter in den Alltag und es sich auf alle Fälle lohnt, früher aufzustehen.

Wer keine Zeit für seine Gesundheit hat,
wird eines Tages Zeit haben müssen, krank zu sein.

Das ist natürlich sehr zugespitzt formuliert – und klingt durchaus ein bisschen wie eine Drohung. Aber es steckt leider ein wahrer Kern darin.

Inzwischen verdienen ganze Industriezweige viel Geld mit unserem veränderten Essverhalten. Da uns die Zeit fehlt, uns eine Orange zu schälen, bietet uns die Industrie chemisch aufbereitete Vitamine in Pillenform an.

Doch davor kann ich nur warnen. In meiner Zeit als Hochleistungssportler habe ich auch eine Zeit lang solche Nahrungsergänzungsmittel genommen. Zuerst nur Vitamin-C, dann auch noch Vitamin-E, Vitamin-B und so weiter. Je besser ich im Sport wurde, desto häufiger hörte ich die Frage: „Wie, nimmst du etwa kein Eisen?"

Letztendlich hatte ich dann eine Reihe von Präparaten, die ich regelmäßig einnahm. – Eigentlich hätte ich mit all diesem Zeug unglaublich gesund und widerstandsfähig sein müssen. Aber ich war immer häufiger erkältet und bekam einen Infekt nach dem anderen, so dass ich immer öfter Trainingspausen einlegen musste, um mich auszukurieren. Eines Tages warf ich all diese Präparate einfach in den Müll.

Heute nehme ich keinerlei Nahrungsergänzungsmittel mehr zu mir und versuche, meinem Körper durch eine ausgewogene und vielseitige Ernährung die Vitamine zuzuführen, die er braucht. Und siehe da, ich bin sehr viel seltener krank als früher!

Wer stark, gesund und jung bleiben und seine Lebenszeit verlängern will, der sei mäßig in allem, atme reine Luft, treibe tägliche Hautpflege und Körperübung, halte den Kopf kalt, die Füße warm und heile ein kleines Weh eher durch Fasten als durch Arznei.
(Hippokrates von Kós)

Ich verstehe den Begriff Nachhaltigkeit nicht nur in Bezug auf die körperlichen Ressourcen, sondern er umfasst auch auf einen offenen und partnerschaftlichen Kontakt mit anderen Menschen.

So, wie ich anderen Menschen begegne, werden mir umgekehrt andere Menschen begegnen.

Eine positive Lebenseinstellung spiegelt sich in der Ausstrahlung eines Menschen. Wer positiv auf andere zuzugehen vermag, dem werden sich viele Türen sehr viel leichter öffnen, als demjenigen, der nur schwer aus sich herausgehen kann. Wenn ich mit Offenheit, Leidenschaft, Ehrlichkeit und Freude Beziehungen eingehe, werden sich auch andere Menschen mir gerne zuwenden.

Nachhaltig leben heißt für mich, gut, gesund, partnerschaftlich und tolerant zu leben. Es bedeutet, allen Dingen ihren Wert zuzubilligen. Es heißt, bewusst zu genießen sowie genussvoll – und maßvoll – zu konsumieren, dabei auf Qualität zu achten, nicht jeder Mode nachzulaufen, aber auch nicht jede Neuerung als bloße Modeerscheinung zu verachten. Nachhaltig leben – das gehört zur Lebensqualität.

F *wie* FREIHEIT

Die Freiheit des Menschen liegt nicht darin,
dass er tun kann, was er will, sondern darin,
dass er nicht tun muss, was er nicht will.
(Jean-Jacques Rousseau)

F WIE FREIHEIT

Für mich ist Freiheit ein ganz entscheidender und wichtiger Aspekt meines Lebens. Dazu gehört natürlich ganz oben die Freiheit, Gedanken aussprechen zu können, ohne Angst vor den Konsequenzen haben zu müssen.

Die Freiheit Gefühle zeigen zu dürfen, ohne Angst haben zu müssen, abgelehnt zu werden.

Diese Freiheit muss man sich allerdings immer wieder erarbeiten.

Es sind nicht nur Zwänge von außen, die uns einengen und unsere Freiheit beschneiden. Oft genug sind wir selbst unsere strengsten Gefängniswärter. – Indem wir uns nicht erlauben zu träumen, indem wir unsere Entwicklungsmöglichkeiten selbst beschneiden und einschränken.

Selbst unsere Freiheit sich zu freuen, schränken wir oft genug selbst ein.

Manchmal, weil wir uns keine Zeit dafür lassen. Manchmal, weil wir vor lauter Pflichtbewusstsein vergessen, dass man die meisten Dinge sehr viel besser macht, wenn man sich erlaubt, Spaß dabei zu haben!

Stellen Sie sich vor, Sie wachen morgens auf und freuen sich auf den Tag, der vor Ihnen liegt. Stellen Sie sich vor, dass Sie schon mit Freude im Herzen aufstehen. Dass Sie mit Vergnügen frühstücken.

Dass Sie voller Vorfreude und Neugierde auf den kommenden Tag zur Arbeit oder zur Schule gehen. Dass Sie abends voller Begeisterung die Haustür aufschließen, weil Sie sich darauf freuen, ihre Lieben wieder zu sehen und mit ihnen über die Erlebnisse des Tages sprechen zu können. Stellen Sie sich vor, Sie nehmen sich die Freiheit, sich am Leben zu freuen!

Die Freiheit der Phantasie ist keine Flucht in das Unwirkliche;
sie ist Kühnheit und Erfindung.
(Eugène Ionesco)

Ich würde mir wünschen, dass Sie durch mein Buch wieder anfangen zu träumen. Dass Sie die eine oder andere selbst errichtete Mauer erkennen und vielleicht sogar einreißen können und dadurch wieder freier werden und aufs Neue lernen, wie stark es macht, an sich zu glauben.

Erinnern Sie sich an die Freiheiten, die man Kindern zubilligt: Kinder dürfen vieles fragen, das Erwachsene gar nicht mehr ansprechen.

Kinder schmieden die kühnsten Pläne – ohne sich dadurch einschränken zu lassen, dass die Ausführung des einen oder anderen Teils ihres Planes vielleicht völlig unrealistisch ist. Kinder sind davon überzeugt, dass auch sie berühmte Drachentöter werden würden – wenn es heutzutage noch Drachen gäbe.

All dies sind Freiheiten, die nicht nur Kindern zustehen.

Greifen Sie zu. Erobern Sie sich diese Freiheiten zurück.

Oft setzen wir uns selbst zu enge Grenzen, und dadurch verlieren wir die Freiheit, so zu sein, wie wir sind.

Seien Sie so mutig, Ihre Bedürfnisse wichtig zu nehmen. Mut bedeutet in dem Zusammenhang oft nichts anderes, als seine Angst für einen Augenblick nicht zu zeigen. Denn diese Angst, die Sie spüren, haben wir alle, nur traut sich keiner sie zuzugeben. Aber sobald Sie Ihre Unsicherheit zeigen, werden Sie feststellen, dass Sie nicht allein mit diesen Gefühlen sind.

Niemand ist frei, der über sich selbst nicht Herr ist.
(Matthias Claudius)

Bevor meine Biografie erschien, wollte ich Jana selbst erzählen, was bald ohnehin jeder lesen können würde. Aber ich wusste nicht, wo und wie ich anfangen sollte. Ich hatte Angst davor, wie sie reagieren würde.

Jana war damals dreizehn Jahre alt und hatte durchaus zu vielem bereits eine ganz klare Meinung. Sie merkte sofort, dass ich ihr zwar etwas erzählen wollte, aber um den heißen Brei herum redete. Sie sagte einfach: „Was ist denn los Papa, sag schon!" Also fasste ich mir ein Herz und fing an zu erzählen.

Als ich zu Ende berichtet hatte, meinte sie: „Papa, solange du nicht tätowiert bist, ist doch alles okay!" Mir fiel ein Stein vom Herzen.

Aber der nächste Brocken war, dass ich auch mit Janas Umfeld, ihrer Schulklasse und den Eltern ihrer Mitschüler über die Veröffentlichung unserer Lebensgeschichte sprechen wollte.

Als ich in Janas Klasse von dem Buch erzählte, haben die Schüler sehr viel Anteil genommen und sofort angefangen einiges auf ihr eigenes Leben zu übertragen und zu überlegen: Was haben wir eigentlich für Süchte in unserem

Alltag? Beim Elternabend hat keiner der Erwachsenen zunächst etwas gefragt. Aber schon drei Tage später kam der erste Anruf von einer Mutter, die mich um Hilfe bat, weil ihr Mann zu viel trinkt. Beim zweiten Anruf erzählte eine Mutter, mein Sohn kifft ...

Ich hatte mich so lange mit meiner Vergangenheit gequält und habe vermieden, jemandem davon zu erzählen. Ich habe mir in Gedanken so viele Szenarien überlegt, was alles passieren könnte, wenn unsere Lebensgeschichte in der Öffentlichkeit bekannt wird.

Und? Was ist passiert? Ich habe mich danach frei gefühlt. Frei, sein zu dürfen, wer und was ich bin. Frei, nichts verbergen zu müssen. Frei, mich für nichts schämen zu müssen.

Von diesem Tage an ging es mir mit meiner Vergangenheit immer besser. Ich konnte dazu stehen, und das machte mich frei. Nun stellte ich fest, dass mir diese Freiheit die Kraft gab, auch für andere Menschen etwas zu tun.

Ich rief verschiedene Projekte ins Leben, die anfangs vorwiegend den Themenkomplex der Suchtprävention umfassten. Es ergaben sich dann jedoch schnell Anknüpfungspunkte zu anderen Bereichen.

Die Arbeit an all diesen unterschiedlichen Projekten macht mir auch heute noch sehr viel Freude.

Die Freiheit besteht in erster Linie nicht aus Privilegien, sondern aus Pflichten.
(Albert Camus)

T wie
TRAINING

*Es werden mehr Menschen
durch Übung tüchtig
als durch ihre ursprüngliche Anlage.*
(Demokrit)

7

T WIE TRAINING

Wenn man so will, ist das ganze Leben ein Training. Training gehört dazu – bei allem, das man erreichen möchte. Egal ob man Einrad fahren, Cello spielen oder eine Fremdsprache lernen möchte. Training heißt Arbeit. Training bedeutet, dass man sich anstrengt, um etwas zu erreichen oder zu verändern, dass man aktiv wird, die Initiative ergreift und etwas tut.

Wenn es eine Pille gäbe, die uns gesund, glücklich, reich und zufrieden macht, wäre das garantiert der Renner des Jahres. Jeder wollte sie haben. Jeder würde sie nehmen! Und sie wäre garantiert unendlich teuer!

Die gute Nachricht ist: Es gibt ein solches Wundermittel. Und die noch bessere Nachricht: Es steht nicht auf dem Index verbotener Substanzen! Und die allerbeste Nachricht: wir müssen dieses Wundermittel nicht einmal kaufen, denn es steckt in jedem von uns: Entdecke deine Möglichkeiten!

Unser Körper ist ein Wunderwerk der Natur, und wir selbst können viel dazu beitragen, wie dieser Körper aussieht und mit welchem Körpergefühl wir leben. Training bedeutet keine einmaligen euphorischen Einzelaktionen, sondern kontinuierliches Arbeiten an einem Zustand, an einem Ziel.

Trainieren muss man lernen, damit es nicht beim einmaligen Versuch, sich oder etwas zu verändern, bleibt.

Wenn ich im Sport etwas erreichen will, bedeutet das immer und immer wieder meine Muskulatur und meinen Organismus an bestimmte Bewegungsabläufe zu gewöhnen. Dabei unterscheide ich:

a) intensive Trainingseinheiten
b) kraftvolle Trainingseinheiten
c) ausdauernde Trainingseinheiten

Ich trainiere immer in einem drei zu eins Zyklus. Das bedeutet, drei Tage Training und ein Tag Pause. Erst an dem trainingsfreien Tag verarbeitet man die Trainingsreize der drei Vortage. Dabei versucht man, in eine sogenannte Hyperkompensation zu kommen. Das bedeutet, dass man nach dem Ruhetag weitaus kraftvoller weitertrainieren kann. Im Kapitel Kraft habe ich dies bereits dargelegt. Ich trainiere immer und immer wieder die gleichen Abläufe, die dann eines Tages ebenso zum Alltag gehören wie Zähne putzen. Wenn sie wegfielen, würden sie mir eher fehlen als dass es mir schwer fiele, sie zu absolvieren.

Training bedeutet zum einen, dem Leben eine Struktur zu verleihen und zum anderen, das zu strukturieren, das man verändern möchte.

Das können die fünf Vokabeln täglich sein, wenn man eine neue Sprache lernt, die zwei Stunden pro Woche üben, wenn man Cello spielt oder das tägliche Training für den nächsten Ironman.

Die regelmäßigen Trainings- und Übungszeiten werden zu Fixpunkten. Sie strukturieren den Tag und die Woche. Sie verändern den Alltag.

Veränderung bedeutet die Aufgabe von Gewohnheiten. Manche hat man sich über einen langen Zeitraum hinweg angewöhnt. Aber ebenso wie man sich diese Angewohnheiten antrainiert hat, kann man sie sich auch wieder abgewöhnen.

Im Sport lernt man, sein Training auf ein bestimmtes Ziel zu orientieren. Wenn man unterwegs auf Hindernisse oder Schwierigkeiten trifft, gibt man nicht auf, sondern passt seinen Trainingsplan an, verändert ihn – verliert aber das eigentliche Ziel dabei nicht aus den Augen.

Im kontinuierlichen, kraftvollen und ausdauernden Training habe ich gelernt, wie ich meine Leistung steigern kann. Irgendwann gelang mir die Transferleistung und ich erkannte, dass dieses Trainingsprinzip sich auf sehr viele andere Lebensbereiche ebenfalls übertragen lässt.

Es geht immer darum das, was man lernen möchte; das, was man macht oder besser machen möchte, in Trainingseinheiten zu unterteilen.

Niemand kann erwarten, mit etwas Neuem zu beginnen und das dann auch gleich perfekt zu können. In vielen Bereichen ist es wie das Rudern gegen einen Strom – sobald man aufhört, fällt man zurück.

Beziehungen und Partnerschaften gehören auch dazu. Das „living-happily-ever-after" funktioniert nur, im Hollywoodfilm, der mit dem ersten Kuss abblendet und aufhört. Ansonsten muss man jeden Tag an einer Beziehung arbeiten, damit sie nicht anfängt, auseinander zu bröckeln. Auch das bedeutet letztendlich ein fortwährendes Training, ein Sich-fit-halten für die Beziehung.

Ich konnte damals als Ex-Junkie nicht erwarten, gleich einen Managerposten angeboten zu bekommen, sondern musste anfangen, über kleine Hilfsarbeiterjobs für größere Aufgaben zu trainieren.

In der Zeit, als ich meine ersten Bewerbungen schrieb, hatte ich einen Freund, der mir beim Aufsetzen der Bewerbungen half. Dieser Freund studierte Jura.

Eines Tages klingelte ich an seiner Tür. Er öffnete, und ich war sehr erstaunt, ihn in einem Anzug mit Schlips und Kragen zu sehen. Ich hatte auch einen Anzug an, allerdings einen Jogginganzug. Auf meine Frage, wohin er denn noch wolle, antwortete er, nirgendwohin. „Und für wen hast du dich so in Schale geworfen?", fragte ich. „Ich hasse es, Anzüge zu tragen", antwortete er. „Ich fühle mich darin immer unwohl. Aber wenn ich aber eines Tages Anwalt werde, wird das meine Arbeitskleidung sein. Deshalb trainiere ich das Tragen dieser Kleidung, damit ich mich daran gewöhne, so zu arbeiten."

Diese Erklärung leuchtete mir ein. Von dem Tag an ging ich nie mehr im Jogginganzug zu ihm. Irgendwann fingen wir an, neben den Bewerbungsschreiben, die er für mich aufsetzte, auch Bewerbungsgespräche zu üben.

Dabei fühlte ich mich total unwohl und hatte das Gefühl mich völlig lächerlich zu machen. Aber bei diesem Training gewann ich mehr und mehr Sicherheit, so dass ich letztlich bei den „richtigen Bewerbungsgesprächen" viele Fehler von vornherein vermeiden konnte. Die konstruktive Kritik eines Freundes kann eben sehr hilfreich sein.

Ein weiteres Beispiel, das mir dazu einfällt: Ich hatte nach meiner Therapie große Schwierigkeiten, konzentriert ein Buch zu lesen. Wenn ich anfing zu lesen, wusste ich am Ende einer Seite oft nicht mehr, was ich am Seitenanfang gelesen hatte. Aber ich gab nicht auf – heute ist das Lesen eine große Leidenschaft von mir, die ich mit meinem Sohn teile.

Jeden Abend vor dem Schlafengehen lesen wir uns abwechselnd Geschichten vor. Das macht unglaublich großen Spaß und schafft ein Gefühl der Verbundenheit, das man durch eine gemeinsam angeschaute Fernsehsendung sicherlich nicht bekommt.

Fast alles im Leben ist trainierbar und erlernbar.

Sicherlich gibt es Dinge, die einem leichter fallen und Dinge, die einem schwerer fallen. Aber das wichtigste ist, immer am Ball zu bleiben und nicht gleich beim ersten Widerstand aufzugeben.

Eine ganz große Hilfe ist für mich das mentale Training. Erlernt habe ich es während meiner Therapie, in der es eine Möglichkeit darstellte, einfach mal zur Ruhe zu kommen und sich auf sich selbst zu konzentrieren.

Im Sport habe ich es von Anfang an sehr intensiv genutzt, aber heute ist es für mich auch im Alltag eine wichtige und sinnvolle Möglichkeit, mit Belastungen zurecht zu kommen.

Bei den Arbeiten, die wir lange und gerne vor uns her schieben, machen wir

gewissermaßen oft eine Art negatives mentales Training. Wir malen uns aus und bestärken uns immer wieder darin, wie schrecklich es wird, bestimmte Arbeiten anzugehen.

Schließlich, wenn wir diese Arbeiten endlich gar nicht mehr länger aufschieben können, sind wir dann oft überrascht, weil sie so schrecklich dann letztendlich doch gar nicht sind, oder sehr viel flotter von der Hand gehen als befürchtet. Ich sage nur: Schreckgespenst Steuererklärung!

Angenommen, wir würden uns positiv auf diese Arbeiten einstimmen. Angenommen, wir könnten uns vorstellen, wie viel Spaß zum Beispiel das leidige Aufräumen macht, wenn im Hintergrund gute Musik oder ein spannendes Hörbuch läuft.

Vielleicht könnten wir uns dann schon beim nächsten Mal auf diese lang auf-
geschobene Arbeit sogar freuen!

Mit intensiven Bildern kann es uns gelingen, unsere Einstellung grundsätzlich
zu verändern. Genau darin liegt das positive Prinzip des mentalen Trainings.
Ein Beispiel aus dem Sport möchte ich noch erzählen.
Der Ironman in Hawaii war immer mein großes Ziel. Eine Teilnahme oder gar
eine gute Platzierung bei diesem Rennen ist der wahr gewordene Wunschtraum
eines jeden Triathleten.
Bei meinem ersten Start auf dieser Insel wurde ich siebzehnter. Eigentlich gar
nicht so schlecht. Aber meine Zielvorstellung bestand darin, irgendwann unter
die zehn Besten zu kommen.

Allerdings sind die Wettkampfbedingungen in Hawaii auch ganz besonders hart. Schon allein das Klima. Als ich das erste Mal dort gelandet und aus dem Flugzeug gestiegen bin, musste ich über eine kleine Treppe aussteigen. Die Turbinen der Maschine liefen noch und die heiße Luft blies mir direkt ins Gesicht. „Schnell weg von diesem Flugzeug", dachte ich.

Doch als ich dann mehrere hundert Meter vom Flugzeug entfernt war, ließ die Hitze leider nicht im Geringsten nach. Da wusste ich, dass mir nicht die Turbinen die heiße Luft ins Gesicht geblasen hatten, sondern, dass so das Klima auf dieser Insel war.

Auch bei meinem zweiten und dritten Besuch auf der Insel fragte ich mich jedes Mal wieder, wie man bei dieser Hitze Sport treiben und sogar an einem der Ironman-Rennen teilnehmen können sollte?

Die ersten Tage waren tatsächlich immer die Hölle. Bei jeder noch so kleinen körperlichen Anstrengung, raste mein Puls, und ich hatte andauernd das Gefühl, mein Kopf würde gleich platzen. In meinem ganzen Leben hatte ich noch nie eine solche Hitze erlebt. Ich versuchte so gut es ging, mich zu akklimatisieren und wollte es nach einem siebzehnten und einem vierzehnten Platz nun endlich unter die Top-Zehn bei diesem Rennen schaffen.

Während des Rennens stellte ich mir immer wieder die Frage, wie wird es dir gehen, wenn du dein Ziel wieder nicht erreichst?

Im Jahr 2001 war es ganz besonders heiß. Man hatte unentwegt das Gefühl, als würde man auf Schritt und Tritt von irgendjemandem mit einem Föhn verfolgt.

Das Schwimmen lief wie immer ganz ordentlich. Beim Rad fahren bekam ich wie üblich ab Kilometer 140 Krämpfe in den Beinen. Ich rettete mich in die Wechselzone zum Laufen. Dann lief ich mit Wackelpudding-Beinen los.

Wie sollte ich das so über eine Strecke von 42,195 Kilometern aushalten? Das frage ich mich zwar bei fast jedem Rennen, aber in diesem Jahr in Hawaii war es besonders hart, und ich habe bei jedem einzelnen Kilometer ans Aufgeben gedacht.

Doch dann habe ich mir während des Rennens noch einmal ins Gedächtnis gerufen, wie hart ich in den drei Jahren davor trainiert hatte, um dort und an diesem Tag eine gute Chance zu haben. Ich habe mir noch einmal vor Augen geführt, auf was ich alles verzichtet habe. Auf was auch meine Familie wegen mir verzichten musste. Ich habe mir klar gemacht, wie sehr ich von mir enttäuscht wäre, wenn ich hier und heute tatsächlich aufgeben würde.

Wie hätte ich es meiner Familie gegenüber rechtfertigen sollen, dass ich es im nächsten Jahr noch einmal versuchen möchte, wenn ich jetzt aufgeben würde. Ich hatte in meinem Leben schon einmal fast aufgegeben, und ich habe erfahren, wie hart es ist, sich wieder zurückzukämpfen.

Deshalb habe ich durchgehalten und bin bei diesem Rennen dann tatsächlich Siebter geworden. Damit war ich unter den zehn besten Triathleten der Welt!

Die psychische Komponente ist beim Training ebenso wichtig wie die körperliche Fitness. Ohne die psychische Stabilität, die Kreativität der Träume und die Kraft des Willens kann man die übrigen Voraussetzungen und Ressourcen – in meinem Fall die körperliche Fitness – überhaupt nicht ausschöpfen und nutzen.

Ich würde Sie gerne auf eine kleine Gedankenreise entführen. Schließen Sie die Augen und stellen Sie sich vor, wie Sie Ihr Leben gerne verändern möchten. Lassen Sie sich Zeit.

Jetzt machen Sie eine Bestandsaufnahme und rufen sich ins Gedächtnis, wie es in Ihrem Leben derzeit tatsächlich aussieht.

Zum Beispiel: Wie steht es mit Ihrer Beziehung?

Wie gut geht es Ihnen mit Ihrer Familie, Ihren Freunden?

Sind Sie so, wie Sie leben, anderen Menschen ein Vorbild?

Wie geht es Ihnen gesundheitlich? Was machen Sie, um fit zu bleiben?

Wie stehen Sie finanziell und materiell da?

Nutzen Sie die Chancen, die sich Ihnen bieten?

Eine solche Bestandsaufnahme – wenn man sie schonungslos ehrlich macht – fördert immer eine Menge „Baustellen" im Leben zutage. Jetzt heißt es tief durchatmen. Haben Sie den Mut, sich all die Aspekte, an denen Sie nach Ihrer eigenen Einschätzung etwas verändern sollten, zu vergegenwärtigen.

Jetzt wird die Gedankenreise zu einer Zeitreise: Stellen Sie sich vor, dass Sie weiterleben wie bisher. Es ist ein Jahr später: Wie hat sich alles entwickelt?

Wie steht es jetzt mit der Partnerschaft?

Haben Sie noch Zeit für Ihre Familie, für Ihre Freunde?

Wie steht es mit Ihrer Gesundheit? Wie mit Ihrer Fitness?

Tragen Sie noch die gleiche Kleidergröße?

Haben Sie sich beruflich verändert, oder gehen Sie immer noch jeden Morgen unzufrieden zur Arbeit?

Jetzt bitte noch tiefer durchatmen, dann reisen Sie weitere fünfzehn Jahre in die Zukunft. Stellen Sie sich vor, Sie hätten auch in diesen fünfzehn Jahren weder Zeit noch Energie gehabt, etwas Entscheidendes in Ihrem Leben zu verändern.

Wie sieht es jetzt aus? Wie steht es um Ihre Beziehung?

Wie ist das Verhältnis zu Ihren Kindern?

Wie steht es um Ihre Gesundheit?

Sind Sie durch die vielen Zigaretten schon sehr kurzatmig geworden?

Macht Ihnen der Bluthochdruck durch zu fettes Essen zu schaffen?

Langen die Finger Ihrer beiden Händen, um aufzuzählen, was Sie alles bedauern und was Sie alles versäumt haben?

Jetzt öffnen Sie die Augen. Atmen Sie erleichtert auf. Diese sechzehn Jahre sind ja nicht wirklich vergangen.

Und gerade darin liegt Ihre Chance: Wenn Sie etwas in Ihrem Leben verändern möchten ist der beste Zeitpunkt, um damit anzufangen: JETZT.

Ach so, gerade jetzt ist es schlecht, weil sie so eingespannt und im Stress sind? Später wäre besser?

Nein, ich beharre darauf, JETZT ist der richtige Zeitpunkt. Sie müssen ja nicht mit Siebenmeilenstiefeln voranschreiten.

Erste kleine Schritte genügen für den Anfang. Machen Sie es doch so wie mit Ihrer Urlaubsplanung. Die können Sie auch gut neben Ihrem stressigen Alltag bewältigen.

Das geht, weil der bevorstehende Urlaub positive Impulse verspricht. Die letzten Wochen vor einem Urlaub sind meistens ganz besonders stressig, weil man am Arbeitsplatz und zu Hause seine Abwesenheit vorbereiten muss. Aber wir schaffen das. Wir finden einen zuverlässigen Nachbarn, der die Katze füttert, die Blumen gießt und die Rollos täglich öffnet und schließt.

Wir stellen bei der Post einen Antrag, die Briefe zu lagern und bestellen die Zeitung für die nächsten zwei Wochen ab. Zwischendurch waschen und bügeln wir die Urlaubsgarderobe, besorgen Sonnencreme und Reiseführer.

Das alles geht, weil wir uns auf den Urlaub freuen.

Aber wie viel mehr Grund haben Sie, sich auf ein positiv verändertes Leben zu freuen!

Denn, wenn Sie es schaffen, das in Ihrem Leben zu verändern, was Sie bedrückt oder zumindest erste Schritte auf ein lang gehegtes Ziel hin zu machen, dann ist diese Anstrengung noch sehr viel lohnender, positiver und wirkt sehr viel nachhaltiger als ein gut vorbereiteter Urlaub!

Also, nur Mut. Fangen Sie an zu trainieren und entwickeln Sie Leidenschaft für das, was Sie tun.

Denn nur wenn wir mit dem Herzen bei einer Sache sind, wird sie uns auch gelingen. Es geht! Sie werden sehen!

Ganz bestimmt!

MEDIACOM
People First ▶▶ Better Results

MediaCom ist die größte Mediaagentur Deutschlands und berät mit mehr als 500 Mitarbeitern bedeutende Werbungtreibende in den Bereichen Kommunikations-/ Mediaplanung, Mediaeinkauf und -optimierung.

„People First >> Better Results" beschreibt eine Kultur, die den Menschen in den Vordergrund stellt, um so die besten Ergebnisse zu erzielen. Individuelle, persönliche Dienstleistung für Kunden ist ein zentraler MediaCom-Mehrwert. Die Mitarbeiter, ihre Fähigkeiten und Eigenschaften definieren uns als Agentur. Die Geschichte und die Erfolge von Andreas Niedrig haben uns berührt und beeindruckt. Er zeigt auf spektakuläre Weise, wie man mit festem Willen, persönlichem Einsatz und echter Leidenschaft auch bei herausfordernden Rahmenbedingungen Spitzenergebnisse erzielen kann.

Dieser Ehrgeiz treibt uns auch in der Arbeit für unsere Kunden. Unsere Grundphilosophie wird dabei in fünf konkreten Agentur-Werten spürbar:

> Rank business before ego!
> Be strategists with "hands on"-attitude!
> Talk straight for optimal results!
> Be targeted and show personality!
> Stay fresh and down-to-earth!

Diese Werte zeigen, dass motivierte und agierende Menschen für unseren Erfolg und damit den Erfolg unserer Kunden entscheidend sind.

Wir freuen uns sehr, dieses Buchprojekt zu begleiten, weil wir wie Andreas Niedrig davon überzeugt sind, dass man alles erreichen kann, wenn man sich voll einsetzt und hart für seine Ziele arbeitet.

Düsseldorf, April 2008
MediaCom Agentur für Mediaberatung GmbH

www.mediacom.de

ZUM SCHLUSS

„I WILL WINNEN!"

Ich habe gelernt, dass man sich, um große Ziele zu erreichen oder tiefgreifende Veränderungen herbeizuführen, auch immer sehr anstrengen muss.
Als ich mit meiner Therapie fertig war, hatte ich einen Traum. Ich wollte ein ganz normaler Familienvater sein, der einer geregelten Arbeit nachgeht und seiner Familie eine sichere Zukunft bieten kann.
Mit meiner Vergangenheit war dies allerdings ein Wunsch, der nicht einfach umzusetzen war. Doch gerade die Schwierigkeiten, die ich überwinden musste, spornten mich an. Denn Aufgeben kam für mich nicht in Frage.

Ich hatte wahnsinnige Angst zu scheitern und meine Familie zu verlieren. Aber ich verstand auch, dass ich diese Angst überwinden musste und nicht zulassen durfte, dass sie mein Handeln und Tun bestimmt. Denn Angst hätte mich gelähmt, und ich wäre mit allem gescheitert, was ich je begonnen hätte.
Jedes noch so unbedeutende Ziel, das ich erreichte, half mir, zu werden, was ich heute bin: sicherlich niemand, dem etwas geschenkt wird, aber jemand, der weiß, dass es sich lohnt, zu kämpfen.

Leider ist es häufig so, dass anderen Menschen vorwiegend die Dinge auffallen, bei denen man Fehler macht. Fehler fallen immer auf. Gelobt wird viel zu selten. Wenn es sonst keiner merkt, was Sie heute wieder alles geleistet haben, stellen Sie sich doch abends einfach mal vor einen Spiegel, klopfen Sie sich auf die Schulter und sagen sich: „Eigenlob stinkt nicht, es stimmt! Und ich war heute wirklich gut!"

Wenn ich mich an meine Verletzung im Jahre 2003 erinnere und an den Beginn meines Trainings im Jahr 2005, könnte ich heute noch anfangen zu heulen. 2003 war ich einer der besten Triathleten weltweit, acht Stunden Training am Tag waren die Regel. Ich war super durchtrainiert und wusste genau, wohin ich wollte: Weltmeister werden.
Doch dann ging von einem Tag auf den anderen gar nichts mehr. Aber wirklich überhaupt nichts. Nicht einmal spazieren gehen konnte ich. Meine besten Freunde wurden die Gehstützen.

Als ich dann 2005 wieder anfing, zu trainieren, fing ich von Null an, mich wieder aufzubauen. Nicht einmal 500 Meter am Stück konnte ich joggen. Ich musste Pausen einlegen und habe in dieser Zeit mehr als einmal verzweifelt die Bäume angebrüllt: „Warum ich?". Doch es kam keine Antwort, und ich trainierte weiter.

Das Training wurde für mich zur absoluten Qual und ich konnte nur allzu gut all die verstehen, die sich vornehmen mit dem Training zu beginnen, dann aber rasch wieder aufgeben.

Ein Jahr später hatte ich zwar meine alte Form nicht wieder erlangt, aber ich hatte es geschafft, so fit zu werden, dass ich ein Langstreckenrennen beenden konnte.

Diese Zeit war schwer. Aber das Bewusstsein, dass ich es noch einmal geschafft hatte, dass ich in dieser Situation nicht aufgegeben habe, daraus habe ich ein so intensives Lebensgefühl gewonnen, dass ich heute glaube, durch die Verletzung noch stärker geworden zu sein.

Heute traue ich mir noch mehr zu, als in der Zeit, als ich im Sport zu den besten der Welt gehörte. Heute weiß ich, dass es neben dem Sport so viele andere Bereiche gibt, in denen es sich lohnt, sich zu engagieren, weil man dort mehr erreichen kann als individuellen Erfolg und das eigene Glück.

Zum Abschluss möchte ich hier gerne noch gern eine kleine Anekdote aus meiner Triathlonzeit erzählen.

Ganz am Anfang meiner Karriere, als ich in Triathlonkreisen noch ein Grünschnabel war, wurde ich gefragt, ob ich Lust hätte, ein Team bei der Mannschaftsweltmeisterschaft in Frankreich zu unterstützen.

Die Regeln bei diesem Rennen waren etwas anders, als ich es bisher von anderen Wettkämpfen kannte.

Es gingen immer Vierer-Teams an den Start. Und um zu gewinnen, mussten drei Athleten dieses Teams gemeinsam das Ziel erreichen.

Die Streckenlänge war ziemlich kurz gehalten, dadurch war das Tempo unglaublich schnell.

Unser Team, in dem auch zwei Dänen waren, besprach folgende Strategie. Da ich ein starker Schwimmer war, sollte ich vorweg schwimmen und anschließend auf der 20 Kilometer langen Radstrecke auch noch mal alles geben, was die Beine hergaben. Damit sollte mein Teil dann vorbei sein und die anderen drei Athleten, die sich beim Schwimmen und Radfahren etwas schonen wollten, sollten dann 5 Kilometer laufen wie die Teufel.

So wirklich erinnern kann ich mich an die Radstrecke gar nicht mehr, denn ich befand mich permanent im roten Bereich und freute mich, dass ich nicht mehr laufen musste.

Doch kurz vor dem Wechsel zum Laufen, stürzte jemand aus meinem Team, und ich hörte nur: „Du musst laufen!" Aber das war unmöglich. Mein Körper war ausgepumpt. Außerdem war ich so darauf eingestellt, dass für mich nach dem Rad fahren Schluss war – es ging einfach nicht mehr.

Als wir dann doch losliefen, schrie mich einer der dänischen Athleten mit seinem unverwechselbaren Akzent an: „I will winnen!" Ich dachte nur: "Na dann lauf mal, bei mir geht nichts mehr!"

Aber ich hatte nicht mit der Entschlossenheit des Dänen gerechnet. Er packte mich und schob mich über die Laufstrecke – und das in einem Tempo, das ich zuvor nicht einmal ausgeruht geschafft hätte.

Wir liefen, ach, was sage ich, wir rannten!

In meinem Rücken die Hand des Dänen und mittlerweile eine zweite Hand von einem deutschen Athleten. Und dazu immer wieder die entschlossenen Rufe: „I will winnen!"

Ohne zu wissen, wer oder was ich war, stolperte ich über die Laufstrecke.

Aber dann kam es noch schlimmer: Cirka zwei Kilometer vor dem Ziel schrie der verrückte Däne auch noch: „Los, hopp, nu sprinten! I will winnen!"

Und, was soll ich sagen? Wir wurden mit zwei Sekunden Vorsprung Dritter in der Mannschaftsweltmeisterschaft!

Das war unter diesen Umständen ein unglaublich gutes Ergebnis!

Und es war eines der härtesten Rennen, die ich je gelaufen bin.

Aber ich habe viel gelernt: Mit der Unterstützung anderer Menschen ist man in der Lage Unvorstellbares zu schaffen, selbst dann, wenn man sich schon aufgegeben hat.

Im Jahr 2007 wurde ich noch einmal Deutscher Meister meiner Altersklasse. Durch die Verfilmung meiner Lebensgeschichte, die unter dem Titel „Lauf um dein Leben – vom Junkie zum Ironman" am 24. April 2008 in die deutschen Kinos kam, habe ich heute die Chance, eine große Öffentlichkeit zu erreichen. Gemeinsam mit meinem Freund Heiner Renneberg, der mir bei den Dingen unter die Arme greift, die mir nicht so leicht fallen, gründe ich die Andreas-Niedrig-Stiftung. Diese Stiftung soll Jugendlichen und ihren Familien, die sich in schwierigen Umständen oder Lebenssituationen befinden, Hilfe zur Selbsthilfe ermöglichen.

Nichts anderes habe ich versucht, Ihnen mit diesem Buch zu vermitteln. Wenn Sie an sich glauben, wenn Sie bereit sind, für Ihre Träume und Ziele zu kämpfen, werden Sie vielleicht nicht alles im Leben erreichen können – aber vieles!

Wenn Sie dann noch bereit sind, auf Ihrem Weg andere Menschen „mitzunehmen", haben Sie aus Ihrem Leben etwas ganz Besonderes und Wertvolles gemacht. Und ich glaube, genau darum sind wir jetzt, hier und heute auf dieser Welt.

„I will winnen!"

AUTOR:

Andreas Niedrig

VERLAG:

A-Z Sport Media Ltd., Fintelmannstr.15, 14109 Berlin

Tel.: 030/80 48 46 93, Fax: 030/80 48 46 94, **www.a-zsportmedia.de**

LAYOUT UND SATZ:

Gesine Eisfeld | Büro für Gestaltung, Überlingen, gesine@eisfeld.de

REALISATION:

Dr. Heiner Renneberg, naturebonds – Begleitung von Innovationsprozessen
www.ideenwege.de

LEKTORAT:

Sabine Rahn

BILDNACHWEIS:

Wolf Busch: 2, 21, 31, 52, 56, 58, 63, 70, 82, 88, 92, 94, 99, 100, 104; *Thorsten Frahm:* U2, 77, 78, 85, 102, 109; *Wolfgang Gschwendtner:* 74; *Heyne Verlag:* 9 (Buchumschlag); *Roland Hindl:* 55; *Joey Kelly (privat):* 4; *Thomas Lechner/Firma Arndt (mein Freund und Sponsor):* U1, 66; *McDonald's 45; www.marathon-photos.com:* 48, 112; *Michael Riechsteiner:* 8, 32; *Peter Rosenfeld:* 73; *Spomedis:* 81; *Starshot/Kai Stuht:* 10, 15